30°
0°
England
AF524663
N
NNW
NNO
NW
NO
WNW
ONO
W
E
WSW
OSO
SW
SO
SSW
SSO
S
Biskaya
45°
Spanien
Alicante
Azoren
Horta
Gibraltar
Am achten Tag ist
der Zauber zu Ende. Sturm.
Kanarische
Inseln
Las Palmas
30°
Afrika
Die Fliegenden Fische
kommen in die Pfanne.
Kapverdische
Inseln
Trimaran »Ultima Ratio«
Atlantikroute
von Gibraltar nach Gibraltar
30.09.1969 bis 20.09.1970
9160 Seemeilen
15°
30°
0°

DELIUS KLASING

Wilfried Erdmann

INGEBORG UND DAS MEER

Die erste deutsche Frau, die allein über den Atlantik segelte

Delius Klasing Verlag

INHALT

8 **Freiheit hat ihren Preis**
Vorwort, Wilfried Erdmann

14 **Sie will segeln**
28 **Allein mit dem Wind**
36 **Auf See in die Freiheit**
62 **Barbados im Blick**
70 **Insel der Träume**
76 **Getrennte Wege**
84 **Hoch am Wind und kühle Drinks**
94 **Anguillas weiße Pracht**
100 **Krank und am Ruder**
106 **Kurs Bermuda**
114 **St. George's Harbour**
120 **Kampf mit den Flauten**
162 **Ein Hauch von Behagen**
170 **Nelsons Blut**
182 **Ingeborgs Resümee**

194 **Anhang**

Anmerkungen zu ULTIMA RATIO

Das war an Bord

Die Kosten der Ozeanrunde

Fünf Rezepte

202 **Seemännische Ausdrücke**

»Ganz im Gegenteil, dieses Buch (oder diese Fahrt)
möchte zeigen, dass trotz aller stürmischen Entwicklung der Technik
das Meer bleibt, was es immer war – das Meer –, und dass
die Grundsätze guter Seemannschaft sich nicht ändern sollten.«

Bernard Moitessier, Segler und Autor

FREIHEIT HAT IHREN PREIS

Vorwort, Wilfried Erdmann

Im Jahr 1966, ich war gerade mit großen Plänen im Kopf in Gibraltar angekommen, liefen zwei Deutsche mit einem Trimaran im Hafen ein. Ich war neugierig auf das ungewöhnliche Schiff, seine Besatzung und schlenderte am Steg entlang. Sehr schnell kam ich ins Gespräch mit Astrid und ihrer Mutter Ingeborg. Von diesem Moment aus war es nicht mehr weit, und ich reparierte die Bordtoilette von ULTIMA RATIO und folgte Tage später der Einladung, mit den beiden nach Alicante zu segeln. Eine tiefe Bewunderung empfand ich für beide sofort. Für Ingeborg, die erfahrene Seglerin, noch ein bisschen mehr. Das ist bis heute so geblieben.

Zurück in Gibraltar blieb ich meinen Plänen treu und segelte in 20 Monaten allein um die Welt.

Ich wurde in Pommern geboren. Wuchs nach dem Ende des Krieges in Mecklenburg auf, wechselte 1957 mit dem Rad über die DDR-Grenze nach Schleswig-Holstein. Da war ich 17 Jahre und voller Tatendrang. Gleich im Jahr darauf machte ich mich mit meinem Rennrad allein nach Indien auf, via Italien, Nordafrika und Persien. In Indien angekommen tauschte ich den kümmerlichen Rest meines Rades gegen einen Rucksack, um weiter durchs Land zu reisen. Ganz im Süden Indiens angekommen aalte ich mich unter Palmen am Sandstrand des Arabischen Meeres und erholte mich von den Strapazen der 10.000 Radkilometer. Hier entwickelte ich ein Interesse und Verständnis vom großen, unendlichen Wasser und von einem Segelkahn, der mit dem Bug auf einer Sandbank lag. Seine Farben waren verblasst, stumpf und dreckig. Ich sprang dennoch an Bord, als ein Mädchen mich einlud mitzusegeln. Die Farben dieses guten alten Schiffchens, das an der Küste lag und kaum mehr gebraucht wurde, hinderten mich nicht, das Segeln mehrere Tage auszuprobieren. Das Mädchen zog die Segel hoch, ich hockte an Deck und genoss. Ohne dass ich etwas tun oder mich gar anstrengen musste, glitt das Schiff durchs Wasser. Das gefiel mir sehr. Ich war sofort überzeugt, dass Segeln eigentlich alles hat, was man zum Reisen braucht. Eine Koje, einen Kocher, eine Seekarte, ein Petroleumlicht. Wundervoll. Schon am Abend konnte ich vor Aufregung nicht einschlafen. Ein Segelschiff könnte *das* Transportmittel meiner Zukunft sein.

Nur: Ein seetüchtiges Segelboot war nicht billig. Das war mir bekannt. Was konnte ich tun?

Zurück nach Hamburg, auf einem Handelsschiff anheuern, arbeiten und sparen. Drei Jahre lang fuhr ich als Matrose an Deck, bis ich das Geld zusammenhatte. 21.000 Mark. Gesegelt hatte ich zu diesem Zeitpunkt nicht mehr, aber bei der Handelsschifffahrt gelernt, wie man einem Sturm begegnet oder eine lange Wache übersteht. Folglich griff ich zu, als mir in Spanien ein Sieben-Meter-Segelboot angeboten wurde. Es sah für mich passend aus, als würde es fürs Meer geeignet sein und nicht untergehen. Das passierte dann auch nicht.

Mithilfe meines DIN-A5-Atlas träumte ich von Zielen, Kursen, Entfernungen und kommenden Abenteuern. Ich machte es wie bei der Planung meiner Indienfahrt – sich entscheiden und los. So wurde ich der erste Deutsche, der die Welt mit der hölzernen KATHENA allein umsegelt hatte, ohne es angestrebt zu haben.

Weil mir das Segeln gut gefiel, startete ich eine weitere Weltumseglung. Diesmal allerdings mit meiner Frau Astrid, dem Mädchen, das ich in Gibraltar kennengelernt und nach meiner Rückkehr sofort geheiratet habe. Diesmal mit einem Boot, das einen Meter länger war, KATHENA 2. Beide Reisen wurden in Büchern festgehalten, dadurch entdeckte ich meine zweite Leidenschaft – das Schreiben.

Ich segelte weiter und schrieb weiter. Übers Mittelmeer, über die Ostsee, die Südsee, die Nordsee, nonstop um die Erde, über den Atlantik und wieder über Ostsee und Nordsee. All diese Fahrten erschienen in Büchern oder als große Artikel mit vielen Seiten in »Stern«, »Geo« und »Yacht«, denen ich danke sage für ihre Unterstützung. Wir konnten gut davon leben.

Dieses Buch »Ingeborg und das Meer« schrieb ich 20 Jahre nach dem Tod meiner Schwiegermutter. Auf unserem Dachboden stieß ich auf allerlei Kartons voll kostbarer Papiere. Logbücher, Tagebücher, Briefe, Notizen, Fotos und viele Ansichtskarten. Darin enthalten ihre Erlebnisse und Erfahrungen, die sie von September 1969 bis September 1970 mit ihrem Trimaran ULTIMA RATIO machte. Und es passierte: Ich war gefangen von Ingeborgs gesammelten Unterlagen ihrer

Atlantikfahrt, zumal wir die Reise zum Teil selbst miterlebten, da auch Astrid und ich zeitgleich den Atlantik überquerten. Ich blätterte und las, machte mir Notizen. Suchte Zitate. Sammelte und ordnete sie. Ich spitzte meinen Bleistift, und es kam ein kleines Buch heraus.

Ihr Törn ging vom Mittelmeer über den Atlantik in die Karibik und via Bermudas und Azoren zurück. Vor 50 Jahren galt solch ein Ansinnen als verrückt. Eine Frau allein über den Ozean? Wo bleibt die Seemannschaft? Und dann noch mit einem Dreirumpfboot, dem hierzulande kaum ein Segler Hochseetauglichkeit zutraute. Ein Bootstyp, von dem man praktisch nie gehört hatte. Immer kamen damals die gleichen Fragen: Warum mit einem Trimaran? Warum ausgerechnet allein? Warum überhaupt?

Die Trimaran-Frage lässt sich leicht beantworten. Ingeborg liebte die leichten, freundlichen Winde wie den Passat, und das Boot sollte dazu passen. Sie hatte Geschmack und Geschick, und sie liebte das Einfache. Der Tri war schön, segelte schnell und war eindrucksvoll wie das Meer. Das war entscheidend und ihr wichtig. Diese Art Bootstyp war selten in Häfen anzutreffen, nur wenige Menschen kannten sich damit aus. Auch das gefiel ihr.

ULTIMA RATIO hatte eine Länge von 10,60 Meter und eine Breite von 6,20 Meter. Der Tiefgang betrug 0,70 Meter. Das als Ketsch getakelte Schiff war aus beschichtetem Sperrholz gebaut und konnte 40 Quadratmeter Segel tragen.

Zum Thema »warum allein« gibt sie Antwort in ihrem Logbuch, aus dem ich oft zitieren werde – alle im Buch kursiv gesetzten Texte entstammen ihrer Feder:

Ich stehe auf dem Standpunkt, dass es besser ist, allein zu segeln als mit einer Crew, mit der man nicht zurechtkommt. Und wen soll ich mitnehmen? Eine Freundin? Nein. Eine andere Frau? Bin nicht sicher, ob eine Frau ein Kamerad sein kann. Ein Ehepaar? Bloß nicht. Einen Mann, in den man nicht verliebt ist? Gibt sicher Schwierigkeiten. Und einen in gegenseitiger Liebe verbunden, der gern segelt, habe ich nicht gefunden. Entweder kein Geld, keine Neigung zum Segeln oder einfach zu alt.

Also bereitet sie sich ganz allein und sorgfältig vor: Schiff, Segelscheine, Astronavigation, Ausrüstung, Ersatzteile, Proviant und klar ein Logbuch, das sie unbedingt führen will, denn sie hatte schon in den Jahren zuvor einige Preise für ihre Sommertouren gewonnen. Und Preise bekommt man nur mit akribisch geführten Logbüchern. Auf der ersten Seite schreibt sie noch in Schönschrift:

- *Nur ich. Allein.*
- *Ich will unbedingt die Weite des Atlantiks sehen.*
- *Das lässt mich seit zehn Jahre für eine Sache brennen.*
- *Keiner wird mich aufhalten.*

Und weiter auf einer Extraseite:

- *Mein Traum: von Europa nach Amerika segeln.*
- *Habe ich mich entsprechend vorbereitet?*
- *Hoffentlich gelingt es.*
- *Das Meer ist meine wahre Liebe.*
- *Frei sein ist das Ziel – mein Ziel.*

Was steckt in diesen ersten Notizen nicht alles? Freude am Abenteuer, Freiheit, aber auch viel Wille, mit Schwierigkeiten und Strapazen, kurz mit allem fertigzuwerden. Sie war dermaßen leidenschaftlich, dass sie sich mit diesem Ungetüm Trimaran auf den Ozean traute. Das hieß: keine Selbststeueranlage, weite Laufflächen an Deck, um das Schiff zu manövrieren, keine feste Maschine und zusätzlich begleitet von der Gefahr des Kenterns. – Ein Trimaran trägt keinen Ballast im Kiel, weil er keinen Kiel hat.

Ich bewundere bis heute nicht nur ihre außergewöhnliche Leistung, sondern auch ihren seglerischen Werdegang. Allemal in den fünfziger Jahren. Während hierzulande viele noch in Möbel, Küchen und gutes Essen investierten, entdeckte sie ihre Liebe zum Wasser und zu Segelbooten. Schnell stellte sie fest, dass Jollensegeln auf Binnenseen nicht ihr Ding war, es sollte schon ein Kajütboot sein. Mit Koje, Kompass und Kochecke. Außerdem seetüchtig für das Meer, zuerst den Atlantik und vielleicht weiter.

Manchmal, beim Lesen ihrer Zeilen, möchte ich auf ihrer Bank im Cockpit sitzen und mit ihr segeln. Wir tun es leidenschaftlich. Perfektion spielt keine Rolle. Verbissenheit war bei ihr an Bord verpönt. Sie verabscheute Regeln. Das macht mich immer glücklich, wenn ich an sie denke.

Gutes Lesen.

Wilfried Erdmann, Frühjahr 2023

SIE WILL SEGELN

Ich bin 1,70 Meter groß. Sportlich. Ordentlich proportioniert. Blond. Lasse gerne die Beine über den Steg baumeln. Also durchaus bereit für Müßiggang. Mitten im Zweiten Weltkrieg wurde ich volljährig, heiratete und bekam ein Kind. Mein Leben spielte sich oft im Luftschutzkeller in Düsseldorf ab. Die Erinnerung an dieses traurige Dasein schleppte ich jahrelang mit mir herum. Im Kopf herrschte noch Krieg – obwohl er zu Ende war. In Wirklichkeit dauerte er für mich bis in meine ULTIMA-RATIO*-Jahre.*

1

Dann, 1959, war es soweit. Sie schreibt: »Ich hatte SIE.« Die erste ULTIMA RATIO war ein neun Meter langes Stahlschiff. Kostete 25.000 Mark – eine Menge Geld für zunächst reinsten Luxus. Kauffrau Ingeborg musste ganz schön durchatmen. Ihr Autozubehörgeschäft war zwar das größte in Düsseldorf, aber die zehn Angestellten mussten bezahlt werden. Doch sie widerstand und liebte ihr Schiff mit all den dummen, unnötigen Dingen, mit denen sie es einrichtete: handbemaltes Porzellan in Delftblau, Bettwäsche mit gestickten Bootsmotiven, nette Gardinen, für die Pantry eine Geflügelschere und mehrere Riesentöpfe für Gäste.

Es war eine Zeit wie die ersten Kinderjahre, ungebunden, ohne Ängste, ohne Komplikationen. Nur das Schiff zählte.

Der Anfang vom Segeln war das nicht. Der Anfang war ein Erlebnis mit einem Freund auf dem Plöner See. Er hatte Ingeborg zu einer Jollensegelei eingeladen. Der blauweiße Schleswig-Holstein-Himmel über ihnen, das stille Dahingleiten des Bootes an diesem besonderen Tag ließen Ingeborg von Wind, Wasser und Segeln träumen.

Ultima Ratio 1 war Ingeborgs erstes Schiff. Sie wollte segeln und tat dies zunächst auf den holländischen Gewässern und der Themsemündung.

In ihrem Tagebuch steht:

Ich will segeln! Die Idee war geboren. Dieser eine Tag zeigte mir die Lösung. Beim Segeln ist man frei. Ich kriege Gänsehaut, wenn ich an den Tag denke. Frei sein nach all den Zwängen, die mein Leben bisher bestimmten. Vor Aufregung konnte ich die Nacht kaum schlafen. Jetzt war die Zeit gekommen, etwas richtig zu machen.

Zurück in Düsseldorf setzte sie sich gleich ans Telefon und buchte einen Segelkurs. Am Chiemsee stellte sie schnell fest, dass Jollensegeln zu leicht, nicht fordernd sei. Und zum Leben an Bord nicht geeignet. Ein Kajütboot sollte es schon sein. Der Wunsch wurde konkretisiert und fortan wurde dafür gespart. Und gelesen. Hemingway, Hiscock, Lindemann. Der Traum sollte sich erfüllen. Sie schreibt: *Träume können sich erfüllen, aber Einsatz ist notwendig.*

Jede Mark kam auf die hohe Kante. Sie war jung und hatte ein Ziel, der berufliche Stress der Selbstständigkeit konnte ihr nichts anhaben. Mit 14 Jahren absolvierte Ingeborg eine Lehre im elterlichen Geschäft mitten in der Stadt Düsseldorf, das Ingeborg und ihr Ehemann gleich nach dem Krieg wieder aufbauten. Nachdem sie ihre Schiffspläne verwirklicht hatte, trennte sie sich von ihm, bei der Arbeit änderte sich erst mal nichts.

Es folgten mit ULTIMA RATIO die ersten Versuche vom Liegeplatz im holländischen Muiden. Volle Kraft zurück. Volle Kraft voraus. Ein Großsegel, das nicht hochzukriegen war. Ein Außenborder, der über Bord fiel. Die vergessene Spring beim Ablegen. Da half nur lernen und viel, viel üben. Jedes Wochenende war sie auf dem Ijsselmeer mit Tochter Astrid: »Segelschule Ultima Ratio«. »Grundlagenwissen erarbeite ich mir«, sagte sie, wenn jemand zweifelte oder sie gar kritisierte. Und davon gab es einige.

Ingeborg hält fest:

»Sieh an, eine Frau auf einem Neun-Meter-Schiff und nur mit der Tochter. Wo ist denn der Ehemann?« Kaiser Wilhelms Zeiten waren so weit weg noch nicht. Nein, das war bedenklich und nicht zu akzeptieren.

Rückblickend eine amüsante Kombination. Man stelle sich die beiden Blonden an Bord von ULTIMA RATIO auf dem Ijsselmeer vor, das damals vor dem Bau eines Binnendeiches fast halbiert wurde. Ingeborg in ihrem Tagebuch:

Frauen fehlt die Rippe. Daran ist nicht zu zweifeln. Sie sind in ihre jetzige Bahn gedrückt, die biologische Seite ist auf keinen Fall zu vergessen. Trotzdem kann ich als Frau nach den Sternen greifen.

Dass die Tochter sich bald selbstständig machen würde, ließ sich schnell erkennen. In den Sommerferien, die Astrid lieber mit Freunden verbringen wollte, segelte Ingeborg ihre ersten Einhandtörns. Durch die holländischen Kanäle, hinaus auf die Nordsee, die Küste entlang bis Ostende und Dünkirchen. Der nächste Törn führte schon über den Kanal nach England und über die durchaus navigatorisch komplizierte Themsemündung. Immerzu machte die Maschine Trouble. Es war ein

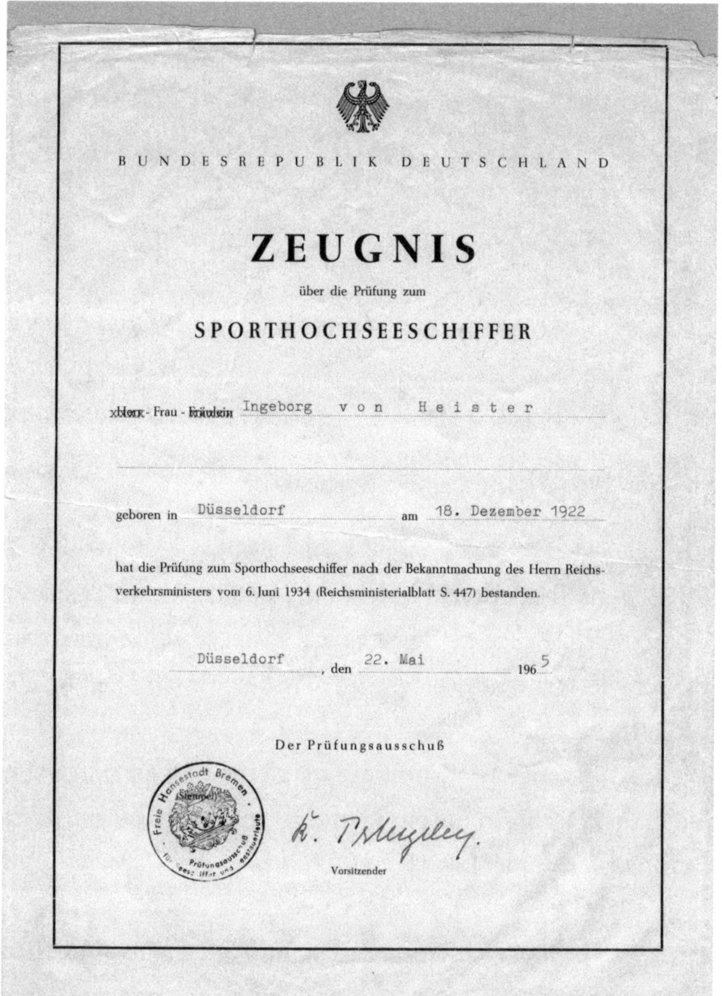

BUNDESREPUBLIK DEUTSCHLAND

ZEUGNIS

über die Prüfung zum

SPORTHOCHSEESCHIFFER

~~Herr~~ - Frau - ~~Fräulein~~ Ingeborg von Heister

geboren in Düsseldorf am 18. Dezember 1922

hat die Prüfung zum Sporthochseeschiffer nach der Bekanntmachung des Herrn Reichsverkehrsministers vom 6. Juni 1934 (Reichsministerialblatt S. 447) bestanden.

Düsseldorf, den 22. Mai 1965

Der Prüfungsausschuß

Freie Hansestadt Bremen (Stempel) Prüfungsausschuß

Vorsitzender

Benziner mit Fallbenzinsystem. In jedem Hafen musste der Vergaser in Teile zerlegt und gesäubert werden. Glücklicherweise hatte Ingeborg durch ihren Beruf das notwendige Know-how.

Wenig später hatte sie bereits das Patent als Sporthochseeschiffer in der Tasche. Die Prüfung absolvierte sie im Düssel-

Die Eignung zum Sporthochseeschiffer wurde von Lehrern der Seefahrtschule Bremen nach vielen ermüdenden Unterrichtstunden erteilt.

dorfer Yachtclub. Die Prüfer allerdings kamen aus Bremen von der dortigen Seefahrtschule und fragten sie, die sich mit der Theorie der Astronavigation sehr schwertat, zum Beispiel nach dem Sternzeichen auf der Südhalbkugel, das dem großen Wagen der nördlichen Halbkugel als Richtungsweiser gleichkommt.

Sie schreibt:

Mein Gott, das wusste ich. Das Kreuz des Südens. Hat mich am Ende wohl rausgerissen, denn die Prüfer wollten partout kein Auge zudrücken.

Mit dem bestandenen Patent konnte sie mit Sextant, exakter Uhrzeit und Tafeln navigieren und ihre Position errechnen. Ein schwieriges Unterfangen, an dem damals viele Segler, die vom Meer träumten, scheiterten.

1964, im letzten Jahr mit der geliebten Stahlslup, segelte die eingefleischte Kauffrau über die Themsemündung nach Burnham-on-Crouch.

Es ist sehr früh. Gerade eben nach Sonnenaufgang. Nebelschwaden ziehen über das weite Wasser. Es ist zauberhaft, das Licht, die Stimmung, alles, aber dafür habe ich eigentlich keine Zeit. Die Karte liegt auf meinen Knien, die Augen auf die vielen Bojen gerichtet und auf den Kompass und die verschiedenen Strömungen, die man richtig laufen sieht. Dann die großen Dampfer, ganz dicht schräg von achtern, aber gut zu wissen, dass es zwischen ihnen und mir nichts als flaches Wasser gibt. Ich sehe auf den

Goodwin Sands Schiffe, die dort gestrandet sind und langsam vor sich hin rosten.

Die Alleinseglerin steuerte den River Crouch an. Alle Boote lagen wie in englischen Tidenflüssen üblich in der Mitte an Bojen vertäut. Hunderte und mehr. Sie musste bei auflaufender Tide den Fluss hinaufsegeln, eine freie Boje aufpicken und die Kette an Deck nehmen.

Boje aufpicken. Alleine eine tricky Aufgabe. Die Engländer haben einen besonderen Bootshaken dafür. Ich nur meinen normalen, darf sie also nicht verfehlen, denn die Boote liegen ziemlich dicht um mich herum. Alles muss in der Strömung, zudem unter Segel, schnell passieren. Der Vergaser ist mal wieder dicht. Es geht gut. Ich freue mich im Nachhinein, denn solch ein Manöver, wenn es misslingt, kann einem viel Enthusiasmus nehmen.

Ganz stolz setzte sie sich in ihr Dingi und ruderte in den Segelclub. Hier erfuhr sie bei einem Guinness, dass ULTIMA die erste deutsche Besucheryacht nach dem Krieg war. Der Abend war gebongt. Ein weiteres Glas Bier stand immer bereit.

Von Colchester, einem anderen Flusshafen, zurück nach Holland machte die Einhandseglerin noch eine Erfahrung: ihre erste Nachtfahrt auf See. Überall Lichter und kein Schlaf, das machte es anstrengend, sich zurechtzufinden. Doch damit konnte sie ihre Segelfreunde verblüffen, denn keiner hatte bisher eine Nachtfahrt über die Nordsee riskiert.

All das ist über 60 Jahre her. Gegenwärtig springt man an Bord, schaltet die Instrumente an und segelt einfach los.

Viele haben vor langer Zeit gezeigt, dass es auch ohne diese Technik gelingen kann.

In ihrem England-Logbuch hält Ingeborg fest:

Immer sind es die Ersten, die Abenteurer, die Entdecker, die wichtig sind. Sei es Captain Cook, der später auf Hawaii von Eingeborenen erschlagen wurde, Magellan auf der allerersten Weltumseglung oder der Argentinier Vito Dumas, der mit seiner Yacht LEGH, *einem Collin-Archer-Typ, 1942/43 seine legendäre Weltumseglung machte. Er war der erste Einhandsegler, der das Kap der Guten Hoffnung und Kap Hoorn umrundete – und überlebte.*

1965 fand die endgültige Abnabelung statt. Die Tochter mietete ein Apartement in Düsseldorf, Ingeborgs Geschäftsanteile gingen an ihren ehemaligen Ehemann, die Slup wurde verkauft. Der Ozean konnte kommen – mit Weite, völliger Unabhängigkeit und viel Exotik.

Aus ihrem Tagebuch:

Wie wundervoll ist es. Ich kann essen, wann ich will, und bis in die Puppen schlafen. Und ich habe ein bisschen Geld übrig. Vor allem: Ich habe mein Hochseeschiffer-Patent. Damit beherrsche ich die Astronavigation. Nur das richtige Schiff, das vermeintlich richtige Schiff, fehlt.

Auf der Suche fuhr sie mit Tochter Astrid zur London Boatshow, mit der Empfehlung, sich einmal eine Dreirumpf-

Konstruktion anzusehen. Aber dann: sehen, zuhören, kaufen war alles eins. Ganz spontan, ohne die Sache zu überschlafen, kaufte sie tatsächlich von der Messe weg die von Arthur Piver gezeichnete Konstruktion vom Typ Lodestar. Die Ketsch von 10,60 Meter Länge wurde wieder auf den Namen ULTIMA RATIO getauft. Sie hatte offenbar eine Affinität für diesen lateinischen Ausdruck, der mit »der letzte Lösungsweg« übersetzt werden kann und ihr weiterhin als Motto diente. 1966 überführt sie die Yacht teilweise allein von England nach Vigo in Spanien. Mit Astrid, die ihre Ferien an Bord verbrachte, segelten sie in diesem unserem gemeinsamen Schicksalsjahr von Vigo weiter nach Süden. Platz war an Bord ausreichend vorhanden. Der Trimaran war im Mittelrumpf großzügig bewohnbar mit Kojen, Pantry, Toilette und Achterkajüte. Alles ganz in weiß und wohlproportioniert. Ingeborg war bereit zum Aufbruch, sich eine neue Welt zu erschließen nach dem Motto: Die Welt ist riesig, mein Boot ist groß und ich so klein.

Sie spekulierte offenbar da schon, sich allein aufzumachen. Doch erst mal wurde die Straße von Gibraltar den beiden zum Alptraum. Über Tage lag dort fest und dicht der Nebel.

Ingeborgs Logbuch:

Fünf Wochen Zeit mit meiner Astrid. Eine gute Hand, die weiß, was an Bord zu tun ist. Nur leider wird sie schnell seekrank. Aber, Himmel, was für ein wundervolles Segeln habe wir für Tage. Auf der Höhe von Cadiz bekommen wir Sturm, der uns zwingt, beizudrehen. 30 Stunden liegen die Segel eingelascht an Deck. Großartig das Meer in seiner wilden Gewalt. Die hohen Wellen überschlagen sich an Deck. Später dicker, undurchdringlicher Nebel und wir ohne Maschine. Das 18-PS-Aggregat (ein Außenborder, im Schacht montiert) gibt immer dann den Geist auf, wenn es ernsthaft gebraucht wird. Wir irren tagelang zwischen der Schifffahrt herum, mit Furcht vor einer Kollision. Ständig geben wir Signale mit dem Nebelhorn, und die Schiffe in der Nähe antworten tatsächlich. Wir können nicht mal unseren Bugkorb sehen. Wo sind wir kleinen Würstchen? Nach zwei Nächten endlich reißt der Himmel auf, und der Nebel verschwindet. Es taucht der Rock von Gibraltar auf. Nichts wie rein in den Hafen, bevor der Schlamassel wieder anfängt. Ich bin Katholikin, ich bekreuzige mich in der Einfahrt. Astrid, die so viel mehr Leid erträgt, hat die Augen schon auf den Liegeplatz und die Stadt gerichtet.

Das Haar gekämmt, Lippenrot aufgetragen, aber weiterhin in schicken, gelben Öljacken, erlebte ich die beiden am Steg in Gibraltar. Der Nebel hatte auch mir und meinem Boot

Bei der Überführung von England nach Gibraltar segelte Astrid ein Stück mit. Sie war viel seekrank und daher wenig aktiv.

KATHENA einen Strich durch die Pläne gemacht, denn ich wollte längst Richtung Kanarische Inseln unterwegs sein. Aber bei Nebel starten? Nein. Ich konnte nur schwach den Bug sehen, so dicht lag er zeitweise auch über dem Hafen. Also stand ich am Niedergang und staunte. Meine vorgebratenen Steaks lagen geschichtet in der Pantry. Mir blieb nichts anderes übrig, ich musste sie kalt im Hafen essen – ganz und gar ohne Appetit.

Im Logbuch schreibt die Skipperin derweil ihre Gedanken auf:

Am schwersten ist es als Frau alleine, sich fest in der Hand zu haben, im Hafen wie auf See. Ein Frau ist in meinen Augen das Schwächste, das es gibt – ein unter Stimmungen und Einflüssen vibrierendes Instrument. Warum nur bringen wir einfach nicht fertig, damit zu Rande zu kommen. Ich habe alles versucht, aber ich bleibe gleich empfindend, einfach nur eine schwache Frau. Immer wieder stehen Berge vor mir, immer wieder bin ich ganz tief unten oder einfach nicht mehr zu fassen, weil ich zu hoch schwebe. Warum hat uns Gott so benachteiligt?

Mit Mutter und Tochter gab es viel zu erzählen. Schon am ersten Tag genoss ich beider Gesellschaft. Stolz und plötzlich gar nicht mehr müde legten sie los. Sie erzählten vom Nebel, von der Dichte und der Angst, denn sie trieben stundenlang, während Nebelhörner aus allen Richtungen dröhnten. Ich fügte eine Nebelerfahrung aus der Handelsschifffahrt auf dem St.-Lorenz-Strom und den Neufundlandbänken hinzu, wo ich nach der Wache eine Stunde in der Dusche verbrachte, um wieder aufzutauen. Wir mochten uns. Es war Freundschaft vom ersten Augenblick an. Wir zogen zu dritt auf ein Guinness in die Stadt. Frauen waren damals in Gibraltar in der Unterzahl, sieben zu eins, und wir spürten das. Einmal bot ein Schwarzer Geld und meinte, zwei Frauen zu haben sei nicht gerecht. Auf der Main Street wäre es beinahe zu einer Schlägerei gekommen.

Nach einer Woche am Steg war es folglich ein Leichtes, mich zum Mitsegeln auf ULTIMA RATIO die spanische Küste entlang zu überreden. Ich musterte an und erhoffte mir, etwas vom Segeln übers Meer zu lernen und Astrid nahe zu sein. Sofort stellte ich mich nach der Abfahrt ans Ruder und fuhr prompt zwei unbeabsichtigte Halsen. – Ich schämte mich. Musste mir das passieren, nachdem ich richtig große Tanker ohne Probleme durch den Suezkanal gesteuert hatte? Die Segel standen back, und ich hatte zu tun, wieder auf Kurs zu kommen. Ich riss mich zusammen, und es passierte an den drei folgenden Tagen kein zweites Mal. Dafür fuhren wir uns in der Nacht ein Fischernetz ins Ruder. Wir kamen von acht Knoten Fahrt fast zum Stehen. Ich wurde geweckt und ging gleich über Bord, tauchte ab mit einem Messer in der Hand. Alles ging ziemlich schnell. Kein Mond, keine Sterne zeigten sich. Beinahe wurde mein Bein von dem abgeschnittenen Netz mitgerissen. Das Schiff machte einen richtigen Satz nach vorn, und ich hatte es plötzlich schwer, mich am Rumpf zu halten. Die beiden Frauen zogen mich mit aller Kraft über die Kante an Bord und umarmten mich. Wir waren glückselig. Wie leicht hätte mehr passieren können, denn das Netz hing tatsächlich nur am Ruderblatt.

Was ich an Bord des Trimarans damals bestaunen konnte, war die extreme Schnelligkeit. Im Nu zweistellig auf der Anzeige. Neben dem Speed auch der beeindruckende Platz an Deck. Es war ein Leben ohne sich festklemmen, ohne sich festhalten zu müssen. Herrlich. Ich schwebte über Deck. Konnte meine Muck Kaffee überall abstellen, ohne daran zu denken, dass sie kentern könnte. Die Arbeit an den Tuchen war ein Kinderspiel. An Deck vermittelte mir die Alle-Segelscheine-Besitzerin was ein Hundsfott ist, wann man eine sogenannte Q-Wende fährt, was ein Fallwind ist und wie man ihm begegnet. Knoten brauchte sie mir nicht zeigen, die konnte ich schon aus meiner Seefahrerzeit, Tuche nähen ebenfalls. Ein Sextant wurde leider nicht in die Hand genommen. Wir segelten die spanische Küste entlang. Auch lernte ich, was es bedeutet: am Wind, beim Wind, vorm Wind, hoch am Wind zu segeln und ähnliche Ausdrücke, die ich als Alleinsegler nicht nutzen würde. Von dem Buch »Seemannschaft« hatte ich noch nie gehört. Einige Formulierungen daraus schrieb ich auf einen Zettel, den ich mir später in mein Logbuch kleben wollte. Zum Beispiel Fallen, Schoten, beidrehen oder schamfilen.

Trotz meiner Begeisterung für Astrid und den Tri vergaß ich meine kleine KATHENA in Gibraltar nicht und nahm den Zug von Alicante dorthin zurück. Auf der Hafenmole von Alicante standen Astrid und Ingeborg und winkten mir mit ernsten Gesichtern zu, mir, der ich auf meinem eigenen Weg war und blieb.

ALLEIN MIT DEM WIND

Der griechische Philiosoph Epikur leitet Ingeborgs neues Logbuch mit diesem für sie bedeutenden Satz ein: »Unsinnig ist es, von den Göttern etwas zu erbitten, das man aus eigener Kraft leisten kann.«

2

1969, endlich Gibraltar, wo Astrid und Wilfried warten. Sie sind auf ihrer Hochzeitsreise mit KATHENA 2 um die Welt. Wie schön. Ich treffe leider keinen Mann, der das mit mir machen würde. Wieder ist alles positiv, wir sind wieder zu dritt und verstehen uns gut. Die Heirat hat nichts ausgemacht, ich habe auch noch Platz für Wilfried in meinem Herzen. Aber für ihn muss es oft nicht einfach sein, denn Astrid ist sehr verbunden mit mir.

Inzwischen hatte ich mit der kleinen, hölzernen KATHENA als erster deutscher Solosegler die Erde umrundet. Und nun sind wir drei Jahre später wieder alle zusammen in Gibraltar. Erneut mit zwei Booten. Schwiegermutter Ingeborg will *endlich crossen,* wie sie es nennt. Astrid und ich planen das Gleiche und wollen anschließend weiter um die Welt. Bis in die Karibik ist angedacht, sich jeweils in den Häfen zu treffen. Bloß nicht permanent im Schlepptau des anderen segeln und sich sorgen.

Gibraltar 1969. Es ist die Zeit der politischen Spannungen zwischen England und Spanien, das an England ein Ultimatum gestellt hat. Zu einem Stichtag müsse Gibraltar von England geräumt sein, ansonsten würde man es bombardieren.

Eine scharfe Drohung, besonders weil Spanien selber zwei Enklaven an der afrikanischen Küste hat, Ceuta und Melilla. Strategisch ist Gibraltar heute wohl nicht mehr wichtig, aber Prestige ist Prestige. Außerdem haben die Gibraltarer sich zu 96 Prozent gegen Spanien entschieden.

Nun, wie wir wissen, es kam nicht zur Aufgabe und nicht zum Bombardement. Aber die schmale Grenze zur Halbinsel wurde geschlossen und die Telefonleitungen gekappt. Traurige Szenen erleben wir am Grenzzaun durch das Niemandsland. Babys hält man hoch, damit die Großeltern sie sehen können, und ruft Botschaften hin- und herüber. Viele Jahre gibt es nur Verbindungen durch Boote und Flugzeuge. Und das im zivilisierten Europa der 2. Hälfte des 20. Jahrhunderts.

Nur die Berberaffen von Gibraltar, die auf dem 400 Meter hohen Felsen leben, kennen keine Grenzen. Sie sind vor Hunderten von Jahren von Afrika herübergekommen. Leben frei auf dem Felsen, werden aber liebevoll umsorgt. Viele Touristen wollen die Affen sehen. Die Story geht, dass, wenn die Affen Gibraltar verlassen, das Commonwealth nicht mehr bestehen bleiben wird. Man kann die reizendsten Sachen beobachten. Wenn zum Beispiel eine Affenmutter ihr Baby säugt, nähert man sich ihr besser nicht. Ansonsten sind sie die Menschen gewöhnt, sich ihrer Hauptdarstellerrolle aber sehr bewusst.

Es kommt der Stichtag. Soll man sich auf England verlassen oder besser absegeln? KATHENA und ULTIMA RATIO tun es und mit uns viele andere Yachten. Leider ist uns der Windgott nicht gnädig, wir segeln erst mal nach Algeciras auf der spanischen Seite der Bucht. Es gibt erwartungsgemäß einige

Probleme mit der Einklarierung. »Ihr kommt von Gibraltar?« Also dürfen wir nichts bunkern, nicht mal ein Brot kaufen, aber immerhin am Kai festmachen.

Ingeborg steht kurz vor der historischen Atlantikpassage der ersten deutschen Frau. Eine Fahrt, die sie allein unternimmt, und die sie an ihre seelischen und körperlichen Grenzen bringt. Gleich am ersten Seetag macht sie eine lange Eintragung:

Viel Kraft wird mir das Vorhaben abverlangen, das ist klar wie Kloßbrühe. Schon der Auftakt gestaltet sich mühsam. Als Kap Espartel am Ausgang der Straße von Gibraltar hinter mir liegt, habe ich einen flotten achterlichen Wind. Schön, aber ich darf das Ruder nicht für 20, 30 Sekunden aus der Hand lassen, Schiff geht sofort vom Kurs ab. KATHENA *überholt mich. Astrid und Wilfried sitzen entspannt im Cockpit, während ich mich über Stunden abrackere. Ich brauche Ruhe. Am besten ohne Segel treiben. Ich koche mir zum Abend eine Suppe. Was will man mehr.*

Das Problem: Der Trimaran steuert sich keine Meile selbst. Sie muss permanent Rudergehen und Schlaf, Navigation und Essen irgendwie nebenbei auf die Reihe kriegen. Nachts reduziert sie die Segel deshalb, um für Momente am hölzernen Rad zu dösen. An erholsamen Tiefschlaf ist jedoch nicht zu denken. Entsprechend abgekämpft erreicht sie nach zwölf Segeltagen schließlich die Kanarischen Inseln. In La Luz, dem Hafen von Las Palmas, geht sie neben KATHENA 2 vor Anker. Erholt sich von den Meilen und bunkert nach ein paar Tagen wie wir Proviant für 2700 Seemeilen bis Barbados. Das ist die erste Karibikinsel, die die meisten Segler zuerst ansteuern. Abends grübelt sie mit Blick auf die Seekarte, ob es vernünftig ist, die Fahrt allein anzugehen. Allein mit einem Trimaran. Auf diesem großen Boot fühlt sie sich klein und schwach. Ich bezweifele, dass ich selbst ohne Selbststeueranlage den Mut und den unbedingten Willen aufgebracht hätte. Für Mehrrumpfboote fand sich zu dieser Zeit keine vom Wind betriebene Anlage, die funktionierte.

Ingeborg ist 46 Jahre alt, gesund, sportlich und eine fleißige Romanleserin und Logbuchschreiberin. In ihrem neuen Atlantik-Logbuch steht vorweg:

Ich habe vor, alles, was mir und ULTIMA passiert, aufzuschreiben. Ich notiere die Eckdaten: gut sehen, klar denken und schön schreiben. Für wen soll das eigentlich sein? Die Frage stellt sich. Wer soll das später überhaupt lesen? Christoph Columbus soll in der Kathedrale von Las Palmas gebetet haben. Wir Segler folgen heute noch den alten Segelrouten. Also besuche ich die Kathedrale ebenfalls. Las Palmas, eine moderne Stadt mit dem Hafen La Luz, erfüllt nicht unsere Wünsche. Auf dem Wasser schwimmt ein Ölteppich, schon nach einem Tag ist an unseren Booten und Dingis ein handbreiter dicker Ölrand. Im Vorhafen liegen viele Hochseefischer, größtenteils aus Ostasien. Diese »Fischfabriken« verarbeiten die Fische direkt an Bord in Dosen. Die Schiffe sind am Heck abgeplattet und haben eine Schräge, über die die vollen Netze an Bord gezogen werden. In ihrer Nähe stinkt es gewaltig. In diesem Jahr liegen 17 Yachten mit Ziel Karibik vor Anker. Mit KATHENA und ULTIMA RATIO sind wir vier Deutsche. Neben einem jungen Schweden bin ich die einzige Einhandseglerin und ULTIMA der

Vor der Atlantiküberquerung: Mutter und Tochter beim Abschied
in Las Palmas. »Ich hätte heulen können«, notierte Ingeborg im Logbuch.

einzige Trimaran. Zwei andere Tris sind bei einem Sturm im Hafen so schwer beschädigt worden, dass sie nicht auslaufen können.

Die Stunden in Hafen verrinnen schnell, man kommt einfach zu nichts. Nach der 12-Tage-Fahrt von Gib brauchte ich fast eine Woche, um wieder in einen normalen Rhythmus zu kommen. Ich hocke nachts an Deck oder wandere gar zum Vorschiff und zurück, um besser in meiner Kemenate schlafen zu können. Auch das funktioniert nicht. Mitten in der Nacht fange ich an, mir ein Kleid zu nähen. Aus Blümchenstoff noch aus England. Schön bunt, englisch bunt.

In der dritten Woche beginne ich noch unruhiger zu werden, irgendetwas sitzt mir quer. Zunächst will ich es nicht wahrhaben, aber dann muss ich zugeben, dass es die aufkeimende Angst, der Respekt vor dem Start ist. Nervös und hektisch beginne ich die notwendigen Arbeiten, kontrolliere Segel, Tauwerk, Beschläge. Wilfried geht in den Mast und bringt neben der Kontrolle des Riggs Tausendfüßer an den Stagen an, damit die Segel sich nicht durchscheuern.

Ich bunkere Lebensmittel und studiere immer wieder die See- und Windkarten und sinne zum x-ten Mal darüber nach, ob es vernünftig ist, dieses Unternehmen zu starten. Nichts vom Stolz der ersten Jahre auf dem Ijsselmeer oder an Englands Küsten ist geblieben.

Einen merklichen emotionalen Auftrieb gibt es, als ein Regisseur samt Kameramann vom deutschen Fernsehen im Hafen erscheint, um einen Film übers Segeln auf dem Meer zu drehen. Chichester und Heyerdahl sind darin schon vertreten. Nun sollen Erdmann und von Heister interviewt werden. Es wird ein unterhaltsamer Tag, der Astrid sogar zum Staunen bringt, weil ihre

Mutter so intensiv mitmacht und unter anderem mit Schiff für Segelaufnahmen draußen auf dem Atlantik ein paar Runden dreht. Als Honorar gibt's für alle ein wunderbares Essen in einem feinen Lokal.

Von nun an bleibt nur ein leichter Druck im Magen. Wir arbeiten mit Elan weiter. Es ist geplant, dass KATHENA *einige Tage nach* ULTIMA *startet, da sie ja ohne Windsteuerung langsamer sein wird und auch immer noch nicht klar ist, ob ich die beiden ausgebaumten Vorsegel zum Arbeiten bringen kann. Wir segeln probeweise ein paar Schläge vor dem Hafen, aber es klappt einfach nicht. Traurig. Zum »Trost« gehen wir schwimmen und versuchen, mit Bürste und Seifenlauge das Öl von den Bordwänden zu entfernen. Eine Sauarbeit und zudem für mich alles dreifach.*

Am 20. November 1969 sitzen wir morgens um neun an Deck und trinken ein Glas Sekt zum Abschied. Dann geht es schnell. Ein Kuss, eine Umarmung, ein paar schöne Worte: »Mach's gut, Mami!« – »Sei vorsichtig!« – »Dann bis Barbados.« Die Segel schon vorbereitet, motore ich erst mal bis zur Hafenausfahrt, bevor ich die Tücher setze. Meine Kinder begleiten mich mit KATHENA *einige Meilen. Als letztes Abschiedsgeschenk eine Tüte mit Krimis und Romanen. Dann dreht* KATHENA *um und wird kleiner und kleiner und ich einsamer und immer einsamer. Nun habe ich neben dem Kloß im Magen noch einen im Hals. Noch könnte ich aufgeben, bevor das Abenteuer richtig begonnen hat. Doch damit könnte ich nicht leben. Ich würde daran zerbrechen. Mut kommt nach der Angst. Segeln nach dem Ablegen. Also ran an die Schoten.*

AUF SEE IN DIE FREIHEIT

Zum Auftakt weht der Wind schwach aus Nord bis Nordost. Genau das richtige Wetter für meine Abfahrt. So habe ich noch Zeit, mich zu sammeln und Dinge, die in der Kajüte rumliegen, zu sortieren. Alle Bedenken sind weit weg, einfach abgefallen. Ich ziehe mir eine frische Bluse über und schenke mir ein Glas roten Wein der Kanaren ein. Dabei erlebe ich ein Gefühl des Stolzes. Nun sind wir wirklich für die nächsten Wochen alleine auf dem Meer. ULTIMA RATIO *kommt mir vor wie ein lebendiges Wesen, und ich verspreche ihr, sie nicht zu ärgern.*

3

Ein Zitat von Joseph Conrad geht mir nicht aus dem Kopf: »Ein Schiff ist kein Sklave. Nie darfst du vergessen, dass du ihm den vollsten Anteil deiner Gedanken, deines Könnens und deiner Selbstliebe schuldig bist.«

Sonne, Wind, die Helligkeit tagsüber und das ständige Am-Ruder-Sein schwächen Ingeborg jedoch bald. Schon bei Sonnenuntergang ist sie todmüde. Der Abbau ihrer Kraft geht viel zu schnell. Sie will und muss unbedingt ein gewisses Gleichmaß in ihr Leben bringen. Zwar will sie eine schnelle Überfahrt machen – Trimaran eben –, aber nicht auf Kosten der Sicherheit. Dazu braucht sie ihre volle Leistungsfähigkeit. Zu Beginn nimmt sie sich fest vor, sehr auf ihre Gesundheit zu achten, vor allem regelmäßig zu essen, auch täglich zu kochen, wenn es möglich ist. Also für längere Zeit eine gewisse Ausgewogenheit in ihr Leben zu bringen. Sie macht sich wegen eventuellen Schlafmangels noch keine großen Sorgen. Doch genau das passiert, denn in der Nähe der Kanaren werden die Nächte unruhig bleiben, da Ingeborg auf den Frachterverkehr achten muss. Dort verlaufen alle Schifffahrtswege von Nord nach Süd und umgekehrt.

Morgens bin ich recht kaputt nach Nächten im Sitzen und Stehen. Noch bin ich das Die-ganze-Nacht-an-Deck-Sein nicht gewohnt. Außerdem döse ich wiederholt im Cockpit auf der schmalen Sitzbank oder auf dem nackten Boden in der Kajüte, eben um immer schnell bereit zu sein. Bereit, die Segel zu trimmen, den Kurs zu ändern oder an den Schoten zu reißen. Tief darf der Schlaf nicht sein. Trotz meiner wundervollen Laterne im Rigg bin ich bei dem Schiffsverkehr sehr unruhig. 40 Jahre Landleben kann man nicht einfach so ablegen.

Ingeborg schreibt nicht, dass sie der Verkehr auch ängstigt. Im Morgengrauen setzt sie üblicherweise wieder alle Segel. Fock zuerst, Groß steht noch, Besan ist mit drei Griffen in der Höhe. Wieder am Ruder, bedient sie von dort die Schoten, sie holt sie mit der Winde dicht, denn der Wind steht halb. Alles ohne Frühstück, die Zeit dafür wird sich schon wenige Stunden später ergeben. Wenn Flaute herrscht, hat sie Zeit dafür und für ihren Körper. Sie fängt sogar an, an Deck mit einem Schrubber den letzten Las-Palmas-Dreck wegzuwaschen.

Am östlichen Horizont sehe ich kurz ein Segel, es könnten die beiden Berliner Ärzte mit der LOTUS sein. Sie segelten kurz nach mir in Las Palmas ab. Und halten erstaunlich weit nach Osten. Ich schätze, sie werden nicht schneller drüben sein, ihr Boot ist kaum größer als KATHENA. Ich halte mich dagegen dicht an der Küste Gran Canarias und drehe am Südende Richtung Westen ab. Ich muss mir das Vergleichen von Bootsgröße und Schnelligkeit abgewöhnen. Ich bin auf See und zufrieden. Das sollte meine Einstellung sein – und bleiben. Ich will eine schnelle Überfahrt, und deshalb griff ich beim Trimaran sofort zu. Die Bootsmesse in London kommt mir in den Sinn, eine Stunde Besichtigung, ein Guinness und schon war die Bestellung unterschrieben. Blödsinn. Aber als Kauffrau machte man das so mit einem schnellen Ja oder Nein.

Im Osten und Süden brauen sich dicke Wolkenwände zusammen. Dazwischen ist der Himmel von unwahrscheinlicher Bläue. Ich bin nervös und hoffe, dass uns nicht allzu schlechtes Wetter erwischt. Vor dem ersten Starkwind hat man immer ein dumpfes Gefühl. Man muss sich erst wieder einleben. Ich bekomme heute nicht einmal eine Mittagsbreite zustande, so zapplig bin ich plötzlich. Entweder ist der Sextant kaputt, oder ich zu dämlich. Ich muss mich entschieden zusammenreißen. Was ist denn nur los? So schlimm ist es doch nicht, nur weil sich am Himmel alles pechschwarz ballt und dazu die Dunkelheit aufzieht. – Heute bin ich praktisch keine Meile weitergekommen.

Ruhe vor dem Sturm. Sie hat Zeit: Segel festlaschen, Bändsel verteilen, vieles sicher verstauen. Kochen und essen. Letzteres sogar entspannt am Ruder. Später, als alles völlig finster ist, hängt sie noch eine zweite Laterne ans Heck. So oder so ist die Beleuchtung nicht vorschriftsmäßig, aber jedenfalls bedeutend sichtbarer als die unzweckmäßigen Positionslaternen, die meistens an Yachten viel zu tief am Bugkorb montiert sind, so auch an ULTIMA und KATHENA.

22. November:

Setze bei schralendem Wind Vollzeug. Mittags zieht eine schwere Regenbö durch, anschließend Dauerregen. Also raus an Deck.

Mutig sein, sage ich und stülpe mir einen Südwester über. Gerade auf den Anfang kommt es an. Wegkommen ist das Wichtigste. Wegkommen vom Land. Noch sehe ich in Nord den Pico del Teide auf Teneriffa. Er hat eine Höhe von 3300 Meter und ist, schätze ich, 40 Meilen entfernt.

Man glaubt es nicht. Ich bringe ULTIMA *am Tag darauf zum Selbststeuern und laufe dabei 220 Grad Kompasskurs. Der Wind wechselt zwischen ein und drei Beaufort. Abends hänge ich wieder beide Lampen raus, verteile sie diesmal so, dass sie von allen Seiten sichtbar sind.*

Ein Kreuz mit dem Wetter. Es ist scheußlich. Morgens, mittags, abends. Ich schieße die Sonne bei kurzem Aufklaren morgens und mittags. So habe ich die Werte für zwei Höhenstandlinien. Das Ergebnis ist zufriedenstellend. Das freut mich besonders. Man wird die Zeiten und Meilen vergleichen. Heute. Morgen. Nächstes Jahr.

25. November:

Kurs 180 Grad. Das ist Süd und hart am Wind. Wo komme ich damit wohl hin? Es regnet in Strömen. Zwischendurch kein Wind. Die Segel klatschen hin und her. Ich muss sie bergen. Das Schiff schaukelt, was selten passiert. Irgendwann ist Schluss mit Regen, und der Wind dreht. Ich pendele zügig zwischen Vorschiff und Cockpit. Reiße an den Fallen, zerre an den Schoten. Der Kurs zum ersten Mal fast West. Das macht mich glücklich. Es gibt keine Sorgen, kein nichts. Alles schwebt, nur wegen einer Viertelstunde Wind. Wir segeln auf Kurs und machen keine Kompromisse. Alles ist plötzlich schön. Das Meer glänzt in der Sonne. Im Laufe des

Tages wechsele ich noch mehrfach die Tücher. Böen halten mich in Bewegung. Nur: Das Problem beim Alleinsegeln ist, dass man selbst sein Gegner ist. Trotzdem liebe ich es. Macht das einsam? Nein. Gott ist bei mir. Das reicht.

Im Salon baut Ingeborg auf der Backbordkoje mithilfe einer Platte einen großen Kartentisch, groß genug, um die englischen Admiralitätskarten komplett aufzufalten. Dort liegt nun alles griffbereit: Zirkel, Bleistifte, Radiergummi, Logbuch, nautische Tafeln. Den Sextanten befestigt sie sicherheitshalber dennoch mit einem dünnen Tau. Alles bleibt liegen, denn Lage schiebt der Tri kaum. Sie fühlt sich wie auf der Brücke eines Dampfers. Für die Navigation kann ein Tisch nicht groß genug sein, meint sie. Natürlich ist sie die Nacht über alle zehn Minuten an Deck. Bald hat sie die Sache raus. Ein Rundumblick und ein zweiter hinters Segel. Und schon liegt sie wieder. ULTIMA läuft derweil ruhig ihren Kurs, sogar nur unter Genua. Tagsüber herrscht wenig Wind mit einer Wolkendecke, aber nicht einheitlich grau, sondern stark strukturiert. Die See spiegelt, trotz kleiner Wellen, die Düsterkeit des Himmels wieder. Eine große Einsamkeit liegt über allem. So reiht sich Tag auf Tag.

26. November:

2 Uhr nachts. Wind drei bis vier Beaufort aus Südwest. Totale Finsternis ringsum. Ich setze die Fock. Sie steuert das Schiff allein. Ich bändsele die Genua an der Reling fest, zu meinem Unglück nicht gut genug, aber das sehe ich erst beim Hellwerden. Mist, verdammt. Ich fluche laut, denn die Genua hat sich durch die überkommenden Seen losgearbeitet und ist über Bord gerutscht, die Schot nachziehend, die sich dann im Propeller der Maschine verfangen hat. Herrjeh! Einen Moment steht mir das Herz still. Es ist unmöglich, die gute Schot zu zerschneiden, damit wäre sie immer noch im Propeller. Also, das geht gar nicht.

Die See ist weiter unruhig. Es hat jetzt keinen Sinn, sich selbst Vorwürfe zu machen, dazu ist später Zeit. Der Wind könnte aufbrisen und die ganze Aktion noch schwieriger machen. Aber auf keinen Fall kann ich ins Wasser springen und abtauchen, um die Schot zu lösen. Jetzt, wo die Segel an Deck liegen, schlingert ULTIMA *stark. Der Wind hat zugelegt auf vier bis fünf. Aber wo kommt nur diese See her? Die ganze Situation ist reichlich verfahren, und letztlich bleibt nur, das Dingi zu Wasser zu lassen. Ich löse die Haltetaue, die es backbord über dem Netz festhalten. Es wiegt 40 Kilogramm. Im Wasser wird es gleich dreifach gesichert. Es ist notwendig, es von achtern zwischen die Rümpfe zu bringen, und so arbeite ich kopfüber unter Wasser mehr als eine halbe Stunde mit Pausen zum Luftholen. Die Schot hat sich zirka zehn Mal um den Propeller vertörnt. Ich versuche es immer wieder, beiße auf die Zähne, denn um den Propeller herum sitzt der Rumpf schon voller Seepocken, die mir Hände und Arme aufritzen. Endlich ist auch die letzte Schlinge gelöst und ich wie der Blitz an Bord, damit ich die Genua komplett aus dem Wasser fischen kann.*

Natürlich bin ich klatschnass und total erschöpft. Meine Arme sehen übel aus. Dabei hat man mich gewarnt vor Wunden, die auf See schlecht heilen. Vor Erschöpfung kullern mir ein paar Tränen übers Gesicht. Niemand da, der mich tröstet und meine Befrie-

digung versteht. Eigentlich hätte ich den Genuss einer Flasche Bier nicht verdient, weil mir allein diese Nachlässigkeit und die damit verbundene gefährliche, anstrengende Arbeit zuzuschreiben ist.

Zusätzlich stellt Ingeborg fest, dass sich am Großsegel einige Rutscher gelöst haben. Garn und Nadel sind schnell bereit, doch dafür muss das Groß fallen und anschließend wieder gesetzt werden. Sie hält sich länger an Deck auf und ist nicht überrascht, zwei Frachter mit Nord-Süd-Kurs zu sehen. Um diese Zeit kämpft sie tagelang mit schlechtem Wetter und angsterregenden, dicken Wolkenballen, abgelöst von tropischen Regengüssen und Windstillen.

Dass der Trimaran im Schnitt zehn Knoten erreichte, machte Ingeborg sprachlos. Im Logbuch notierte sie übergroß: *Etmal 270 Seemeilen.*

Ich setze mich mit einer Flasche aufs Vorschiff und rufe mich für die Zukunft energisch zu größerer Aufmerksamkeit auf. Dreifache und nicht nur doppelte Kontrolle muss meine Devise sein, wenn ich etwas Seemännisches tue. Bin total deprimiert.

Wenn ich ertrinke, will ich wenigstens anständig aussehen. Habe meine Haare gefärbt und Creme im Gesicht aufgelegt. Hat schon immer als Stimmungsaufheller funktioniert.

Glücklicherweise reißt in dieser Stimmung irgendwann die Wolkendecke leicht auf, sodass es reicht, die Sonne zu schießen. Nun weiß die Tapfere wenigstens, wo sie sich befindet. Sie notiert:

Das Ergebnis der ersten Woche auf See ist nahezu katastrophal – nur 350 Seemeilen in die richtige Richtung. Der Wind spielt einfach nicht mit. Er weht immer noch aus Südwest, mal zu schwach, mal zu stark. Ich will nicht nach Südamerika – ich will in die Karibik.

Die Solo-Skipperin, die neue Zweifel befallen, revoltiert und notiert ergänzend:

Ich muss im Logbuch neben den seemännischen Fakten mehr Empfindungen notieren. Habe gleich eine: Frauen sind schwache Geschöpfe und im Vergleich zu Männern zu sehr ein Opfer ihrer wechselnden, schwankenden Empfindungen, die von äußeren Einflüssen geprägt werden. Und hier liegt das Problem bei derartigen Unternehmen. Körperlich ist eine Anstrengung durchzustehen, psychisch hapert es – jedenfalls bei mir.

Nach einer Woche beginnt die Atlantikseglerin sich langsam besser einzurichten. Faules Obst kommt über Bord. Und es kommt der große Kochtopf auf die Flamme für eine Spaghetti Bolognese. Das will sie sich nun öfter gönnen. Auch entdeckt sie, dass Lesen eines Krimis der Nervenberuhigung hilft. Sie hält sich strikt an die Anweisung ihrer Tochter: »Wenn nichts geht, einfach regelmäßig lesen. Du hast doch genug Bücher eingepackt.«

28. November:

Es weht aus Nordost! Dazu mit herrlichen drei bis vier Beaufort. Bin wie elektrisiert. Der Kurs 230 Grad. Endlich goldrichtig. Jetzt noch Selbststeuerung. Ich experimentiere mit zwei ausgebaumten Vorsegeln, deren Schoten zum Ruder gehen. Erst als ich die Schoten über Kreuz belege, funktioniert es. Hurra, die beiden gelben Vorsegel, extra von Beilken für mich genäht, arbeiten. Kann daneben sitzen und Däumchen drehen. Ein Trimaran auf Autopilot, 1969, kaum zu glauben. Ich brause mit acht und neun Knoten in die Dunkelheit. Keine Verkehrsampeln, keine Polizei, keine hupenden Autos. Weit und bereit nur Wasser. Ich bin frei! Stolz darauf, den Mut aufgebracht zu haben, abzulegen.

Bald sollte das Kreuz des Südens zu sehen sein. Ich kann vor Begeisterung nicht schlafen, sitze draußen im Cockpit, bin fasziniert und beobachte die Welt um mich herum. Kein Einsamkeitsgefühl mehr. Im Gegenteil, alles ist wundervoll. Zuversicht kehrt an Bord zurück, ja regelrecht Euphorie. Es kommt noch besser. Im Passat segele ich mich geradezu in einen Rausch – begeistert über die Geschwindigkeit des Tri, und das, ohne Tuch wegnehmen zu müssen.

30. November – 11. Seetag:

Das kann nicht stimmen. Habe ich die Sonnenbeobachtung verpatzt? Ich mache eine weitere. Rechne, kontrolliere. Kein Zweifel. Von gestern bis heute habe ich ein 220er-Etmal hingelegt. Kinder, ich hole auf. Wenn das so weitergeht, bin ich in zehn Tagen da. Es ist allerdings nicht wichtig, wann ich ankomme, sondern lediglich, dass ich ankomme. Ob Astrid und Wilfried mich schon eingeholt haben? Ihr Boot, Stahl und 8,90 Meter, ist auch nicht besonders schnell. Mit Gischt und Schaum nehme ich die Verfolgung auf!

ULTIMA rauscht zeitweise mit beängstigender Geschwindigkeit über die drei und vier Meter hohen Wellen. Angehoben, getragen, weitergeschoben, kommt sie oft ins Gleiten. Das ganze Schiff vibriert wie unter einer starken Maschine. Sie hofft, dass das nicht ins Auge geht. Die zwei Vorsegel, die sie Twins nennt, sind gleich groß, haben zusammen 26 Quadratmeter und lassen sich nicht reffen. Die See ist äußerst rau und wirft den Tri hin und her. Aber er fängt sich immer wieder und läuft seinen Kurs. Später dreht der Wind ein wenig auf Ost, bleibt jedoch bei Stärke sieben bis acht. Es ist für Ingeborg das erste rauschhafte Erlebnis im Passat. Auch wenn das Surfen höllisch gefährlich sein kann: *Wer es einmal erlebt hat, will es immer wieder.* Ingeborg zuckt nicht mehr zusammen, wenn irgendwo an Bord etwas knackt. Ihr Leben reduziert sich auf zwei gelbe Vorsegel, die Steuerbord und Backbord an zwei Vorstagen gesetzt und mit stabilen Bäumen aus Holz ausgebaumt sind.

Der Griff ans Ruder war der Seglerin vertraut und doch war stundenlanges Rudergehen von ihr wenig geliebt. Trost spendete ein Drink.

Irgendwie ist es mir doch unheimlich. Ich mache eine nahezu spektakuläre Fahrt. Das ganze Schiff zittert und brummt von Zeit zu Zeit. Hoffentlich geht das nicht ins Auge, wenn es plötzlich aus dem Ruder läuft. Es geht in eine sehr unruhige Nacht. Ich bin im Cockpit, mache mir ein Glas Zitronensaft mit einem rohen Ei. Müde? Nein, müde bin ich nicht – nur aufgeregt. Kabbelig wie das Meer. Aber ULTIMA *hält Kurs. Diese Nacht werde ich nicht vergessen. Alles in mir ist aktiviert. So weit das Auge reicht, weiße Wellenkämme. Ich fürchte mich. Der Speed im Boot, die hohen Seen, die sich im Kielwasser brechen, und diese entsetzliche Dunkelheit. Ich bin ein Mensch für Licht. Jetzt in den Tropen 12 Stunden Dunkelheit am Stück. Ich sehne das erste Morgenlicht herbei. Ich werde den Göttern danken, wenn alles an Bord heil bleibt.*

Es bleibt. Und wieder geht ein Tag vorüber. Sie notiert im Logbuch am 1. Dezember:

Einfach sensationell, mein Navigationsergebnis. Ein Etmal von 270 Seemeilen. Somit ein Schnitt von 10,9 Knoten. Das reicht fast an PEN DUICK *heran, den Tri von Éric Tabarly. Und das mit meinen braven Sperrholzrümpfen und meinen ausgewehten Segeln. Die Fliegenden Fische, die ich morgens an Deck aufsammle, kommen in die Pfanne. Die Bratlinge bringen Abwechslung in mein Einerlei. Dazu ein Bier. Ich spüre, wie meine Lebensgeister zurückkehren. Etwas muss der Mensch sich gönnen. Wirklich 270 Meilen! Segeln gibt mir das Gefühl, zu leben.*

Meine Schwiegermutter greift sich die Fotokamera und macht sicherlich wundervolle Aufnahmen von diesem Tag. Mal vom

Bug, mal von achtern, mal krabbelt sie irgendwo ein Stück hoch. Dann wieder auf dem Bauch liegend, die Kamera weit außenbords haltend. Dann die Segel und den Himmel. Die Seen achteraus, der Schaum fliegt. Doch – sie bekommt nichts davon auf den Film. Sie hat keinen eingelegt. Sie flucht schlimmer als jemals zuvor.

Da hilft nur essen. Sie holt die zweite Hälfte vom vorgebratenen Steak aus dem Kühlschrank, dazu gibt es gedünstete Artischocken aus der Dose. Nach so vielen Tagen noch Fleisch im Kühlschrank? Ja, er funktioniert und kühlt sehr gut. Vor dem Essen ein Glas Sherry und danach einen Pudding. Auf See nur von Konserven zu leben war nicht ihr Ding.

Der Gedanke kommt mir gar nicht, dass es nicht so weitergeht mit dem Wind. Endlich habe ich den mir zustehenden Passat. Das Wasser. Die Luft. Mein Boot. Am Morgen habe ich noch große Wäsche gemacht, und nun flattert alles im Wind – im Passat! Ich will nicht leichtsinnig sein, so habe ich für das erste und zweite Ausspülen Seewasser genommen und zum Schluss nur drei Liter Süßwasser. Selbstredend spüle ich Geschirr mit Salzwasser – wie auch das Wasser für meine Körperwäsche aus dieser Unendlichkeit kommt. Leider klebt alles ein wenig. Langsam beginnt eine leichte Aversion gegen das ständige Seewasser, dazu ist meine Haut verbrannt und empfindlich. Wie hat Wilfried das bloß gemacht? 130 Seetage und nur 60 Liter im Tank. Das muss er mir erklären.

Fünf Tage später folgt Ernüchterung. Ingeborg schießt vier mal die Sonne und rechnet sich schier zu Tode. Die Ergebnisse sind kurios. Erst nach langen Bemühungen findet sie die

Fehler. Sie haben ihre Ursache in der komplizierten Rechnerei der Semiversus-Formel, nach der sie navigiert, aber auch in ihrer Erschöpfung. Sie schafft es nur wenige Male, ULTIMA zum Selbststeuern zu bringen. In den langen Sitzungen am Ruderrad greift sie zu Büchern wie zum Beispiel dem Kriegsbericht »Die Wüstenfüchse«. Lesen kann sie beim Kurshalten. Selbstkritisch reflektiert sie ihren Zustand: *Wenn ich nach dem Lesen dieses Buches meine vorübergehende desolate Lage betrachte, kann ich nur sagen, dass ich den Scharfblick verloren habe.*

Erinnerungen an andere Prüfungen steigen in ihr auf. Als sie ungefähr in Astrids Alter war, herrschte Krieg. Sie erlebte verheerende Bombennächte in Düsseldorf. Ein Jahr nach der Hochzeit, 1943, wurde ihr Mann von den Nazis wegen Verbindungen mit dem Stauffenberg-Anschlag verhaftet. Nach der Freilassung war er ein anderer Mensch. Er blieb bis zum Kriegsende bei der Kavallerie. Er sagte, es war nicht möglich, das Richtige zu tun, aber auch nicht schuldlos da herauszu-

Fünf Jahre arbeitete Ingeborg im Geschäft ihrer Eltern. In den letzten Kriegsjahren ließen Bomben keinen Stein auf dem anderen.

kommen. Der Krieg ging zu Ende. Ein Baby im Bauch und die ständige Suche nach Milch und Obst beherrschten den Alltag. Ein Apfel kostete eine Zigarette. Und eine ganze Packung Zigaretten wiederum einen Mantel.

Sie schreibt:

Die Nachkriegsjahre waren schlimmer als der Krieg – nur ohne Bomben. Jahrelang, nachdem die Schlachten zu Ende waren, dauerte der Krieg an. Der Krieg in meinem Kopf.

Das Haus mit Geschäft in Düsseldorf war zerbombt. Ihr Mann kriegsverletzt. Sie lebten alle in einem Zimmer und kannten nur Arbeit. Fraglos: Mit Extremsituationen und Entbehrungen kannte sie sich, wie so viele ihrer Generation, schon vor Antritt der Fahrt aus. Voller Bewunderung liest sie das Buch »Allein über den Atlantik« von Hannes Lindemann, der mit einer geringen Menge Wasser und nur wenig Proviant mit einem Faltboot über den Ozean paddelte und segelte. Als Arzt wollte er herausfinden, ob ein Schiffbrüchiger überleben kann. Dank autogenem Training überlebte Lindemann und hat es als erster Deutscher des Jahrhunderts auf die Titelseite des US-Nachrichtenmagazins »Life« geschafft. In Deutschland jubelte ihm niemand zu. Niemand.

3. Dezember:

Stolz wandere ich an Deck herum, ich werde nicht in zehn Tagen, nein, in sieben bis acht Tagen werde ich ankommen. Alle anderen werde ich weit hinter mir lassen. Mein Herz hüpft vor Freude. Ich frühstücke bei Sonne. Träume sind herrlich, doch was ist los am nächsten Tag? Nur 100 Meilen. Hochmut kommt vor dem Fall. Da habe ich den Salat. Was nutzt mir die beste Windkarte der Welt, auf der für diesen Monat Nordost vorherrscht. Was bietet die Gegenwart mir? Süd mit einem Kurs von 270 bis 300 Grad bei kabbeliger See. Und ziemlich hoch. Ab und an brist es auf mit sechs, sieben und acht, wenn auch nur kurz. Der Wind muss drehen und stabil werden. Ich muss es einfach erzwingen, oder nicht. Außerdem schüttet es vom Himmel, als wolle die Nässe niemals aufhören. Schwarz ringsum. Die arme ULTIMA *arbeitet schwer in den Seen.*

Um 17 Uhr ist das Wetter wie in Deutschland, alles grau in grau, kalt und Regen, Regen, Regen. In dieser Finsternis habe ich das Gefühl, dass ich etwas ramme. Gibt es nicht unbeleuchtete Segelboote? Schließlich sind allein von den Kanaren 20 und mehr Boote gestartet. Ich setze vorsichtshalber mein Monstrum von Ankerlaterne, denn von allen anderen Meeresfahrern passt bestimmt nicht jeder auf.

Für den Rest der Reise baue ich mir ein Matratzenlager auf dem Boden. Ich brauche meine 20 bis 25 Minuten Schlaf, und der kommt schneller in einem richtigen »Bett«. Heute hatte ich nur kurz die Möglichkeit, die Sonne zu schießen. Die Twins stehen bei fallendem Luftdruck und schwachem Wind. Die See dagegen ist unruhig. 14 Tage bin ich nun auf See, davon nur sechs Tage Sonne, ansonsten Starkwind, Wolkenballen und Regen. Mit der Abenddämmerung zieht erneut eine schwarze Wolkenbank auf, mir wird Angst und Bange. Sieht höllisch gefährlich aus. Himmel, bin ich allein! – Wenigstens einen Vorteil hat es, wenn man lang-

sam läuft: Man kann schlafen. In der Nacht stehe ich nur fünf Mal auf.

4. Dezember:

Sorge um KATHENA *überfällt mich. Sie segeln unbeleuchtet oder nur mit einer Petroleumfunzel. Hoffentlich geht da nichts schief. Bei mir läuft der Honda, der für genügend Strom sorgt. Und ich habe eine sichere zertifizierte Ankerlaterne, die ich auf Petroleum umrüsten könnte.*

Wie der Teufel hinter der armen Seele bin ich hinter der Sonne her. Zeigt sie sich kurz, wird sie geschossen, damit ich zu meinen Standlinien komme. Mit dem Ergebnis bin ich nicht zufrieden. Die letzten 70 Stunden brachten nur 280 Meilen, dazu auf einem Kurs zum Weglaufen: 295 Grad. Immerhin, es geht doch noch vorwärts. Ich mache häufig eine 4. Navikontrolle, um ganz sicher zu sein. Es unterlaufen mir leider manchmal leichte Flüchtigkeitsfehler. Ich arbeite nach den Fulst-Tafeln mit den Ephemeriden. Rückblickend bin ich meinem Navigationslehrer sehr dankbar für alles, was er mir eingebläut hat. Der Düsseldorfer Yachtclub hat es in fabelhafter Weise auch Nichtmitgliedern gestattet, am Astronavigationskurs teilzunehmen. Das war ich, denn eigentlich bin ich Mitglied im Emmericher Segelclub. Der liegt 100 km nördlich von Düsseldorf am Rhein.

Am Horizont sieht es erneut furchterregend aus. An Land empfindet man niemals die gleiche Bedrohung durch aufziehendes schlechtes Wetter wie auf See. Ich kann mich partout nicht an den Anblick gewöhnen. Wieder öffnet sich der Himmel, doch wir kommen voran. Die Hälfte der Strecke über den Atlantik sollte

22. XI.
Samstag

ZEIT	RWK	WIND	BA	WET.	SEE	SEGEL
0200		SW 1	769		1	
0400		↕	769		↕	
0600		↓	768		↓	
0800	250°	SSW 1-2-3	768	◐	1	Voll-[illegible]
1000	240°	NNW 1-2-3-4	769	● R	↑	" ↑
1200	210	NNW 1	768	● R ● R		
1400	"	NW 1	↑	● R		
1600	220	NNW	↓	◐	↓	
1800	220	WNW 1-3	↕	◔	↑	
2000	220	↑		◐	↓	
2200	220			◔	0	
2400	220	↓	↓	◔	↓	↓

Wind schralt und dreht in Wellen bis SW aller [illegible] schwenkt.

Alles zugezogen, dunkler Re[illegible]

Gegen Abend 3 Dampfer meinen Kurs gekreuzt. Sehe bis jetzt seit Dunkelheit 4 Dampfer [illegible]

Hänge 2 Lampen heraus und lege mich etwas hin. „Liberia" steuert sich alleine. Heller Mond.

15h λ 16° 21' W
φ 26° 56' N

Liter 70
Etmal bis 0h 23. XI. 80
150

Starke Mohr

Zwei Seiten aus dem Logbuch. Ingeborg weiß, dass ihre Schrift für andere kaum leserlich ist, doch es kümmerte sie nicht.

geschafft sein. Auch wenn die Kurslinie über die Karte nur langsam nach Westen kriecht, hebt es meine moralische Verfassung. Ich schenke der Halbzeit ein paar Tränen und lasse mein Gesicht nass werden. Dauernd beklage ich mich. Ich bin schließlich freiwillig unterwegs. Ein gutes Schiff, Freiheit, etwas zu lesen. Essen ist da und im Notfall sogar eine Flasche Bier. Und: Es wird nicht geschossen. Ich sollte die Gewaltausbrüche um mich herum genießen. Außerdem führe ich einen ständigen Kampf gegen mich, auch wenn es mir nicht richtig ins Bewusstsein kommt. Die weiblichen Gefühlschwankungen machen mir oft zu schaffen. Skipperin, wo bleibt der Scharfsinn? In Düsseldorf war mein ganzes Leben organisiert. Zehn Stunden im Laden, einkaufen, waschen, kochen, Kind und Mann versorgen, lesen, schlafen. Hier an Bord dagegen herrscht zu viel Leerlauf, ich habe zu wenig Aktivitäten. Mir fehlt zudem die Energie, etwas Gescheites zu tun. Wenn ich ambitionierter wäre, könnte es mir viel besser gehen.

7. Dezember:

Um 12 Uhr klart es endlich nach 18 Stunden schweren Regens langsam auf. 18 Stunden nicht nur von unten Wasser. Die Wolkenbildung ist von einer absoluten Schönheit, dass ich nur staunen kann. Teilweise rollen schwere Seen heran und treffen ULTIMA *breitseits. Es war eine ungemütliche Nacht, und es ist verrückt, noch immer mit den Twins zu laufen. Ich gebe die Hoffnung nicht auf, dass ich noch etwas von dem herrlichen Passat bekommen werde. In 24 Stunden nur frustrierende 50 Meilen in die richtige Richtung gemacht. Mit einer Windsteuerung hätte ich längst die Segel gewechselt. Hätte, könnte, würde – was nutzt mir das?*

Minuten, Stunden, Tage schaue ich übers Meer, keine zwei Momente sind gleich. Ich mache wieder Reibekuchen, dazu Schwarzbrot und Bier. Wenn schon kein Passat, dann wenigstens schlemmen. Mit dem letzten Bissen sehe ich achtern einen Frachter auf meinem Kurs aufkommen. Es ist die LAMPA *aus St. Croix. Die Seeleute sind nett und rufen herüber, ob ich etwas brauche, aber sie manövrieren zu dicht an* ULTIMA. *Ich bekomme es mit der Angst zu tun und greife ins Ruder, um auszuweichen. Mit Signal drehen sie ab. Ein merkwürdiges Gefühl, Menschenstimmen zu hören. Es heitert ein wenig auf. Im Westen geht die Sonne unter und* LAMPA *entschwindet am Horizont.* ULTIMA *und ich sind wieder allein.*

8. Dezember – 19. Seetag:

Allmählich ist es langweilig, immer das Gleiche zu schreiben. Wind aus Südsüdost und Regen. Es ist still in meinem Kopf. Als der Wind auf Süd kippt, setze ich alle Segel und mich ans Ruder. Mir geht es so besser. Ursache womöglich, weil wir sechs bis neun Knoten laufen. Am Himmel ein unbeschreibliches Wolkenbild mit Regenbögen in den üblichen Farben, völlig bizarr und verschieden. In Süd ziehen Altocumulus in mehreren Schichten auf. Am Horizont im Südwesten Cumulonimbus. Im Norden Cumulus congestus. Direkt über mir alles strahlend blau. Werde ich in meinem Leben so etwas nochmals sehen? Egal, mir gefällt es, ganz allein auf See zu sein. Nach einer halben Stunde ist das Schauspiel ringsum zusammengesunken und versunken. Schönheit vergeht schnell! Mein Herz schlägt für die Naturschönheiten der Meereslandschaften dieses so besonderen Ozeans. Natur ist etwas Großes.

Ich bringe ULTIMA *zum Selbststeuern, zur Hölle mit dem Kurs, schnappe mir mein Lexikon und schlage den Zweiten Weltkrieg auf. Es ist ganz gesund, den Geist zu beschäftigen, auch mit einer Lektüre des Weltkrieges. Bin ich total verrückt? Mehr als 60 Millionen Tote, davon 20 bis 30 unter der Zivilbevölkerung der verschiedenen Länder. Und unzählige andere Leidtragende?*

Auch ich bin darunter. Wir wurden ausgebombt. Geschäft, Wohnung – alles platt. Kaum eine Wand stand noch. Das lässt mich meine augenblickliche Situation ganz anders sehen.

9. Dezember:

Der Tag beginnt zauberhaft, man sollte ihn genießen. Aber ich kann nur noch an Wind denken. Um 18 Uhr brodelt wieder eine schwarze Wolkenbank herauf, und wenig später beginnen Gewitter, uns zu umkreisen. Mir bleibt nichts erspart. Ich installiere den Blitzableiter, lege Ölzeug und Stiefel bereit. Es sieht mulmig aus, und es ist stockdunkel. Es brist auf, in Böen acht. Warum soll ich überhaupt messen? Um Mitternacht streiche ich die Segel und verzurre sie sorgfältig an Deck. Ich bin dermaßen nervös, dass ich vor Angst zittere und meine Zähne aufeinanderschlagen. Die Gewitter machen mich fertig, sie kommen von allen Seiten näher. Gleichzeitig jagen die Blitze durch die schwarze Nacht, es ist so hell, dass man lesen könnte. Stunde reiht sich an Stunde. Schauerlich. Ich hocke auf meiner Sitzbank und starre in die Gegend. Es gewittert die ganze Nacht. Erst spät komme ich wieder zu Atem.

Nebenbei beschäftigt Ingeborg ihre Süßwassersituation. Der Mangel an frischem Wasser quält sie am meisten, speziell bei dieser Windsituation und dem langsamen Vorwärtskommen. Tabarly mit seinem Trimaran PEN DUICK schaffte den Atlantik in zehn Tagen. Sie ist zwar nicht Tabarly und ULTIMA nicht PEN DUICK, aber es grämt sie trotzdem. Hin und wieder denkt sie, ob es nicht besser gewesen wäre, wenn sie dem Tri diese Blamage erspart hätte. Sie wollte das rauschhafte Gefühl des Passatsegelns erleben, doch bisher war der Passat ihr viel schuldig geblieben.

10. Dezember – 21. Seetag:

Rückblickend kann ich voll zufrieden sein. Die Loganzeige pendelt zwischen vier und fünf Knoten – richtige Richtung! Außerdem werde ich durch einen zauberhaften Sonnenuntergang getröstet. Ach, ich habe fast vergessen, wie unwahrscheinlich schön die See sein kann, und wie schnell sich alles ändert. Um die Mittagszeit vertiefe ich mich in einen »Brecht«, als plötzlich ein harter Schlag ULTIMA *trifft. Einen Moment bin ich wie gelähmt. Ich stürze an Deck, jede Sekunde den nächsten Stoß erwartend, aber ich sehe nur achteraus einen großen Gegenstand treiben, fast so lang wie* ULTIMA *und braun. Er liegt tief im Wasser und taucht nur gelegentlich auf. Wenn so etwas zwischen die Rümpfe kommt, bedeutet das das Ende. Jedenfalls fühle ich einen heftigen Schock. Meine Nerven, oh Gott, haben doch sehr nachgelassen. Ich setze mich ans Ruder und halte mit dem Fernglas Ausschau. Womöglich schwimmt noch mal was im Wasser.*

Der Plattenspieler wäre jetzt wundervoll. Wo ist er? Ich finde ihn nicht. Ich dachte immer, ich weiß, wo alles verstaut ist. Weit gefehlt. Wieder entwickeln sich Gewitter über mir, Panik treibt mich um. Es ist zum Heulen und Tosen. Himmel noch mal, lass es endlich gut sein. So muss sich Weltuntergang anfühlen. Der Nachmittag und Abend ziehen unbemerkt an mir vorbei.

12. Dezember:

Flaute. Totale Flaute. Klingt nach sich treiben lassen in einem Pool. So ist es nicht auf ULTIMA. *Sie wabert auf den Dünungswellen hin und her. Ich nehme die Segel runter. Es kommt der letztlich gefundene batteriebetriebene Plattenspieler an Deck, und ich lege ein paar von meinen schwarzen Scheiben auf. Frank Sinatra singt für mich »Strangers in the Night«, und das London Philharmonic Orchestra unter Herbert von Karajan spielt Beethoven. Liege wie berauscht rücklings zwischen den Rümpfen auf dem Netz und starre in den Abendhimmel. Ich bin gut aufgelegt. Meine »schwarze Sonne« rotiert weiter, bis die Batterien nichts mehr hergeben.*

Das Meer hat etwas sehr Sinnliches, gerade in Verbindung mit Musik – das stille Warten auf den ersten Ton, dann die akustische Explosion und das Genießen.

Es ist noch nicht dunkel, also schmeiße ich mich einfach noch ins Meer. Nackt schwimmen ist eine der größten Freuden auf dem Törn – in tropisch warmem Wasser bei 26 Grad Celsius. Nachdem die Nacht zur Stelle ist, segeln wir weiter. Die Twins sind schnell oben, mit Hilfe der Winsch am Mast gut durchgesetzt. Kurs 260 Grad gradewegs auf Barbados zu. Es sind noch 1060 Meilen. Das wird ein großartiger Augenblick sein, wenn ich die Insel sehe. Die Windsituation ist wie üblich. Flaute und plötzliche heftige Windböen.

14. Dezember:

Wieder schüttet es vom Himmel, als wolle es niemals mehr aufhören. Das Meer sieht in der Nacht aus wie eine frisch angerührte Zementmischung. Später versuche ich erneut, ULTIMA zum Selbststeuern zu bringen, muss weit nach Mitternacht dann doch die Segel streichen, um wenigstens etwas Schlaf zu finden.

Bis hierher hat sie folgende Wetterlagen im Logbuch notiert:

112 Stunden Regen in Strömen
86 Stunden Sonne
335 Stunden bedeckt

BARBADOS IM BLICK

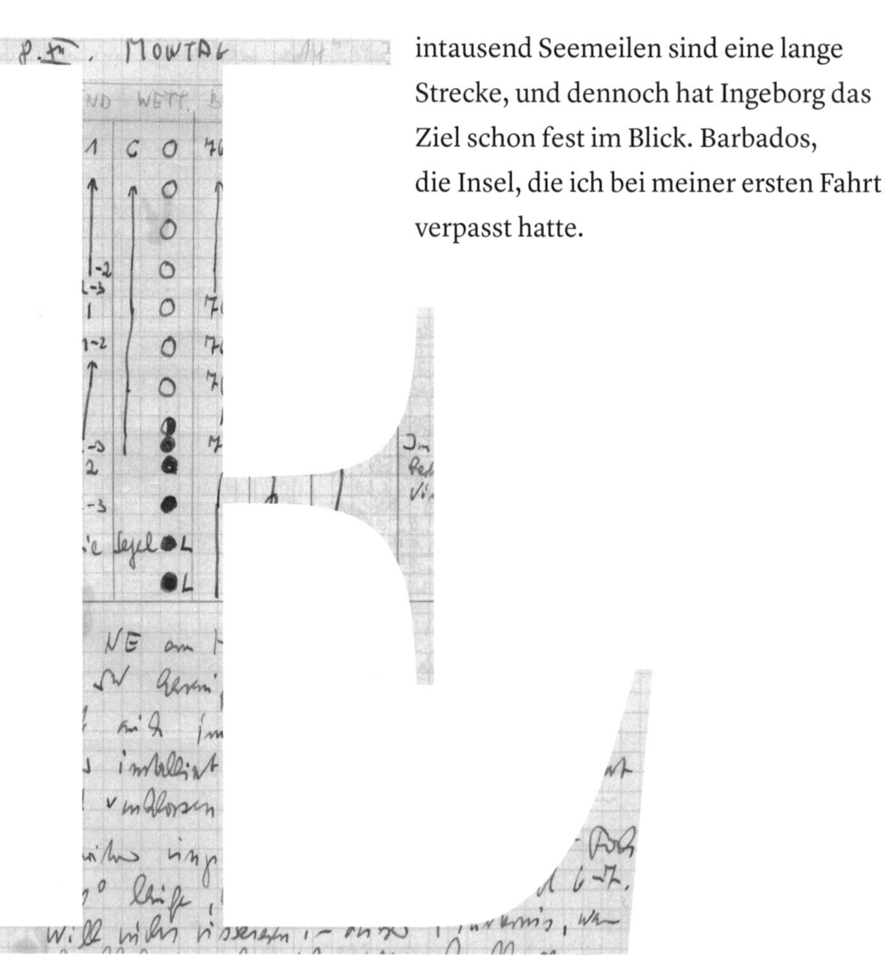

Eintausend Seemeilen sind eine lange Strecke, und dennoch hat Ingeborg das Ziel schon fest im Blick. Barbados, die Insel, die ich bei meiner ersten Fahrt verpasst hatte.

4

16. Dezember – 27. Seetag:

Die letzten 1000 Meilen ziehen sich wie Gummi. Der Wind mäßig, aber immerhin aus Ost. Als ich mit dem Sextant die Sonne schieße, stürze ich ungeschickt. Rippe, Blutergüsse, Ellbogen. Mir ist übel und ich stöhne laut vor Schmerzen. Lege mich in die Koje. Morgen fühlt es sich hoffentlich besser an.

17. Dezember:

Der Wind kommt aus Nordost. Gott, nicht zu glauben. Ich ziehe mit aller Wucht die Vorsegel hoch und laufe 260 Grad. Es ist wolkig und sieht hoffnungsvoll aus. Schon um zehn Uhr habe ich einen blauen Himmel. Nur über dem Horizont quellen Wolken wie Sahne herauf. Ich wage kaum, mich zu freuen und das Wetter zu loben. Ein kleiner Wermutstropfen ist, dass der Honda nicht läuft, aber ach, das habe ich nach einer Stunde in Ordnung gebracht. Mittags mache ich endlich mal wieder eine schöne, klare Sonnenbestimmung. Ich bin auf 19 Grad 30 Minuten Nord und 44 Grad 45 Minuten West. ULTIMA *läuft herrlich unter den doppelten Vorsegeln, und alle Wetter sind vergessen.*

18. Dezember:

Mein 47. Geburtstag. Die Party fällt aus. Es geht mir miserabel. Nicht mal Lust auf Sekt und Sextant. Mache die Position trotzdem – 116 Meilen. – Ein kümmerlicher Geburtstag. Geplant war: Spargel mit Schinken, Butter und Kartoffeln. Und jetzt hänge ich in der Koje mit einer Dose Pfirsiche in der Hand. Und einem Glas Wasser.

In diesem betrüblichen Zustand reduziert Ingeborg ihre Ambitionen auf ein einziges Ziel – nämlich ankommen. Dazu gehört aber eine ordentliche Navigation. Deswegen macht sie sich Sorgen und fragt sich erneut, wie zuverlässig ihre Navigation wohl sei. Die Sonnenbeobachtung und später eine Mittagsbreite ergeben genaue Standlinien, trotzdem überprüft sie diese mit einer dritten und vierten Berechnung. Sie braucht zwölf Minuten für eine Standlinie. Die Breite geht fixer. Die Rechnerei macht ihr sogar Spaß, und es ist immer der schönste Augenblick des Tages, wenn sie die Ergebnisse in die Seekarte eintragen kann. Barbados ist nicht groß, 20 Meilen lang und etwa 330 Meter hoch. Da der Wind weiter aus Ost kommt und die See viel ruhiger ist, ist Ingeborg, als die Nacht hereinbricht, rundum glücklich.

21. Dezember:

Ich kann heute zufrieden zurückblicken auf das sauber gestrichene Cockpit. Im Laufe des Tages schaffe ich zwei Lagen Weiß aufzutragen, weil die Farbe so schnell trocknet. Herrlich, wenn man arbeitet und sieht, dass was passiert. Unendlicher Friede ist in mir. Alle Bedrohungen der letzten Wochen sind verflogen: schwarze Wolken, Gewitter, Regen und keine Starkwindaussichten. Meine Nerven schleifen förmlich am Boden vor Entspanntheit. Ich habe absolut keine Probleme. Und Schlaf werde ich haben. Ich leiste mir den Luxus, nur acht Mal für meine Rundblicke aufzustehen. Dabei habe ich ein großes 200-Liter-Fass entdeckt, auf meinem Kurs treibend. Welche Farbe es hatte, habe ich nicht mehr im Kopf. Ich vermute, es war rostig.

Wir auf KATHENA haben das Fass auch gesehen. Man bildet sich ein, dass es dasselbe Fass war, und wir uns in diesen Tagen dicht beieinander befanden. Nachdem wir die Seekarten in Barbados verglichen haben, war es wohl wirklich dasselbe Fass. KATHENA segelte nur wenige Meilen voraus.

22. Dezember – 33. Seetag:

Es ist heiß. Mit 34 Grad Celsius der heißeste Seetag an Bord. Der leichte Wind von achtern bringt keine Erfrischung an Deck. Aber schon zur Kulminationszeit türmen sich wieder die Wolken. Sie haben fast immer die Tendenz, mir um diese Zeit die Sonne zu entziehen. Später stelle ich fest, dass ich nur an elf Tagen die Möglichkeit für eine Breitenberechnung während der Kulmination hatte.

Langsam geht es auf Weihnachten zu, und ich rechne mir die Chance aus, vorher anzukommen. Wenn es so weitergeht, könnte es klappen. Das wäre sehr schön, obwohl es mir auch egal ist. Hauptsache, das Wetter spielt mit und ist vor allem nicht hässlich.

Im rechten Unterarm und in den Händen sind die Muskeln schmerzhaft verknotet. Nun habe ich körperlich doch abgebaut. Vielleicht kommt das alles vom Salzwasser, aber warum dann so plötzlich? Als Ozeansegler darf man einfach nicht diese große Aversion vor dem Waschen mit Seewasser haben, aber ich werde später sehen, dass ich sie loswerde.

Am Morgen des 34. Tages gehe ich absichtlich mit leisen Schritten an Deck, schaue erst eine Weile nach achtern und drehe mich dann ganz langsam um. Und: Himmel, da liegt sie vor mir, die Insel meiner Träume. Meine Insel! Sie liegt wie ein Geschenk zur erwarteten Zeit vor mir. Ich stehe an den Wanten und wundere mich. Fregattvögel umkreisen uns. Vor Aufregung weiß ich nicht, was ich machen soll und mache alles zugleich: Toilette, Haare waschen, aufräumen und vor allem staunen.

24. Dezember – Heiligabend:

Ich bin ganz verrückt vor Freude. Mich quälten Bedenken vor diesem Landfall. Ich hatte richtig Angst. Doch nun liegt Barbados wenige Meilen vor mir – dank Glück, Gottes Schutz und Führung. Ich setze mich aufs Vorschiff, um das Wunder zu bestaunen. Eine Flasche Sekt braucht auch Zeit zum Genießen. Außerdem muss Neptun eine bekommen und nicht nur ein Glas, eine ganze Flasche steht ihm zu. Nochmals: Ich bin ganz verrückt vor Freude und mächtig stolz. Auch stolz auf meine komplizierte Navigation mit Sextant, Uhrzeit, Nautischem Jahrbuch und den Nautischen Tafeln. Hat perfekt funktioniert. Es ist ein nicht zu beschreibendes Gefühl, nach 33 Tagen Land zu sehen und zu riechen. Jetzt, um Gottes Willen, fällt mir der Motor wieder ein. 32 Tage hat er keinen

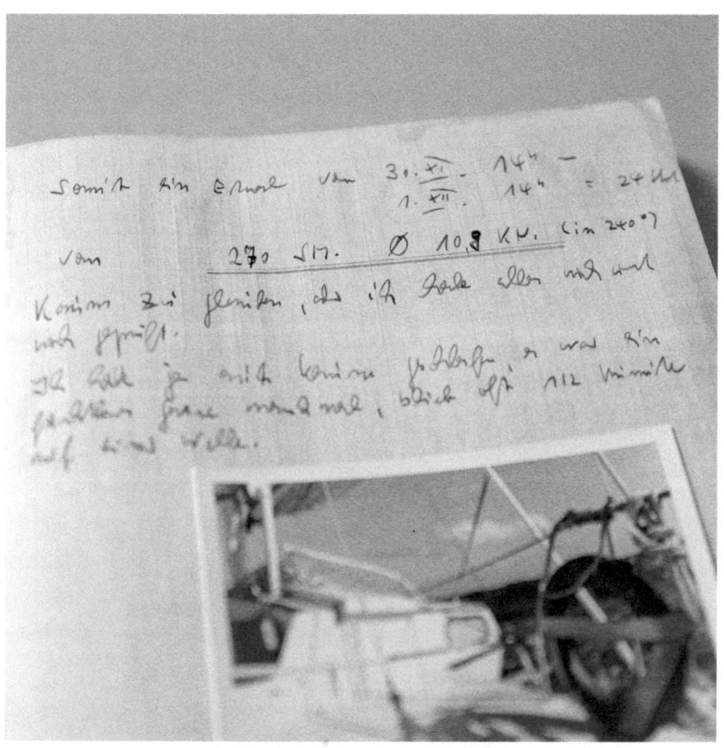

Mucks von sich gegeben, aber zum Einlaufen in die Bucht auf der Westseite der Insel dann gegenan werde ich ihn wohl brauchen. Heute kann eigentlich nichts schiefgehen. Nach Reinigung und Ausbrennen der Zündkerzen springt er tatsächlich an, zwar widerwillig, aber immerhin: Er tut es.

Ingeborg rundet das nördliche Kap ziemlich dicht, vielleicht eine Meile Abstand, und entdeckt mit dem Fernglas im Süden, dicht unter der Westküste der Insel, KATHENA und andere Boote. Eine Stunde später ist sie in der Carlisle Bucht, dem einzigen geschützten Ankerplatz. Unsere Freude ist groß. Riesengroß. Wir kommen gerade von einem ersten Landgang

Logbuchnotiz mit 270 Seemeilen: Solch extreme, unglaubliche Geschwindigkeit möchten wir uns mit KATHENA 2 nicht wünschen.

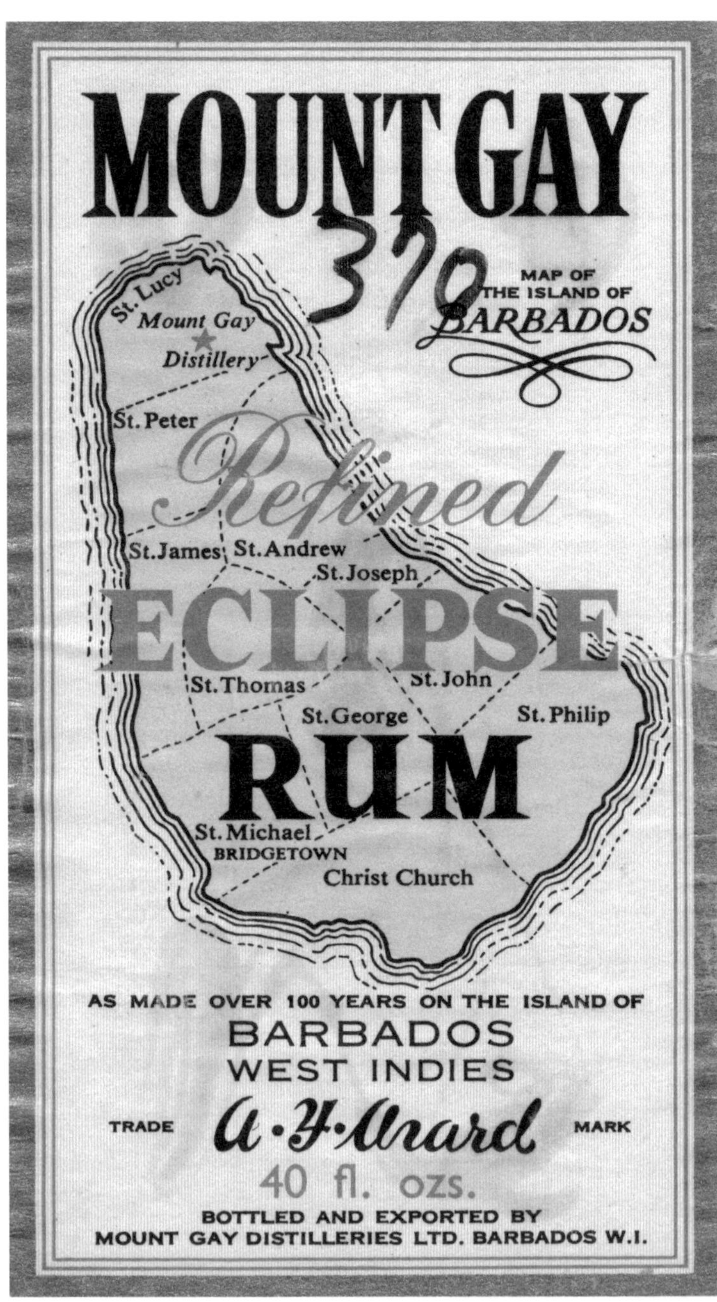

Etikett »Mount Gay«, der Rum der karibischen Insel Barbados für 3,70 Dollar die Flasche. Unser liebstes Getränk nach der Ankunft.

zurück, da sieht Astrid einen Tri mit Tausendfüßer im Rigg in die Bucht einkreuzen und schreit:

»Das ist Mami!«

Und schon ist sie mit unserem Dingi weg. Mir bleibt nichts übrig, als den Tri schwimmend zu erreichen. Wir kommen Ingeborg ein paar Hundert Meter entgegen, entern den Tri und helfen beim Ankern mit 15 Meter Kette und einem Armvoll Tau auf fünf Meter Wassertiefe.

An Bord der ULTIMA drücken wir Ingeborg fest, lassen sie hochleben und bedrängen sie natürlich gleich.

»Wie fühlst du dich?«

»Grandios.«

»Bist du müde?«

»Heute nicht.«

»Was können wir für dich tun?«

»Nur bei mir sein.«

Ingeborgs Ankunftssatz lautet ebenso nüchtern: »Während der letzten zwei Tage habe ich viel von Hand gesteuert. Ich wollte unbedingt mit euch Weihnachten feiern.«

Wir sind acht Stunden früher an diesem 24. Dezember 1969 angekommen, aber eine Woche später gestartet. Das dämpft Ingeborgs Stimmung etwas und sie meint: »Ich plane seit einem Jahrzehnt das Atlantik-Crossing, meine Tochter kommt Ostern auf die Idee und ist Weihnachten, verdammt noch mal, vor mir in Amerika.«

INSEL DER TRÄUME

Später – ein paar Stunden später – vergleichen wir im Cockpit die Seekarten. Ingeborgs Kurs führt in Schlangenlinien über die Karte, der von KATHENA schnurgerade auf Barbados zu. Acht Tage Startdifferenz können in der allgemeinen Wetterlage viel ausmachen. Wir hatten mehr Glück. Nur an den letzten Tagen genossen beide Boote den gleichen Wind. In keiner Karte ist Ingeborgs Müdigkeit verzeichnet, das Brennen in der Lunge, das Zucken der nervösen Lider. Sie hat alles gemeistert.

5

Der Zoll kommt kurz an Bord, und mit drei Unterschriften ist die Einklarierung erledigt. Ich darf nach 33 Tagen alleine auf See an Land. Wir gönnen uns einen Rum-Punch. Beim Segelclub gleich gegenüber landet man mit dem Dingi am Beach. Herrlich, der Sand makellos goldgelb, die Bäume mit dicken Blüten wachsen bis dicht ans Wasser, im Schatten sind Tische und Stühle verteilt und eine dickliche Schwarze serviert die kühlen Drinks. Wir bestellen einen echten Barbados Rum-Punch mit sehr viel Eis, damit die Gläser beschlagen.

Ich will noch ins Vereinsbüro meine Post abholen. Oh Gott, welche Enttäuschung. Nichts, aber auch gar nichts ist für ULTIMA *eingegangen. Nicht mal eine armselige Postkarte. Meine Freunde dachten wohl, sie könnten das Porto sparen. Kein Mensch in Deutschland hat geglaubt, dass ich es mit dem Trimaran schaffe. Nicht mal mein Segelverein in Emmerich. Niemand aus Düsseldorf. Bin sehr niedergeschlagen. »Vergiss es«, sagt meine Tochter, »genieße dieses wunderbare Abenteuer. Hier ist die Karibik und nicht Düsseldorf.« – Ja, alles hat seine Vor- und Nachteile.*

Die englischen Clubs sind unglaublich gastfreundlich. Man kann das Süßwasser unbeschränkt laufen lassen, für uns einfach unfassbar nach all den wasserarmen Tagen. Keiner verlangt Liegegebühren oder Ähnliches. Mit uns liegen an die 20 Besucheryachten vor Anker – total windgeschützt in der Stille der Carlisle Bay. Die meisten kennen wir aus Las Palmas, und täglich kommen neue hinzu. »How many days?«, ist die Begrüßungsfrage, und wir stellen mit Erstaunen fest, dass wir mit 33 und 25 Tagen gar nicht so schlecht gesegelt sind.

MORI mit einem deutschen Ehepaar ist noch nicht da und LOTUS aus Berlin mit den beiden Medizinern am Tag zuvor angekommen. Die haben sogar einen Weihnachtsbaum im Rigg hochgezogen und laden Ingeborg zu einem Essen ins

Barbados war Ingeborgs Insel der Träume. Sie bot alles: Strand, Palmen, Kokosnüsse. Und ließ alle Widrigkeiten des Atlantiks vergessen.

Hilton Hotel ein. Ein weiterer Trimaran von 40 Fuß brauchte mit vier Mann an Bord sogar 39 Tage. Alle anderen, die um den 20. November gestartet sind, liegen bei 32 bis 45 Tagen. Die Yachten, die Anfang Dezember von Las Palmas auf Kurs gegangen sind, hatten bedeutend bessere Passagen. Hängt alles vom Nordost-Passat ab.

Ich bin bannig stolz auf mich, alles Unangenehme ist vergessen. Die Sonne scheint, das Wasser hat 26 Grad und ist glasklar. ULTIMA schwoit friedlich vor Anker. Ich bilde mir ein, dass auch sie stolz ist. Alles völlig heil geblieben, nichts zu Bruch gegangen. Eine Werft braucht sie nicht. ULTIMA, du bist das schönste Schiff der Welt. Es gibt kein besseres Segelboot. In England von tüchtigen Bootsbauern, die ihren Beruf lieben, gebaut. Danke nach Great Yarmouth. Ich bin überzeugt, dass mein Schiff weiter handfeste Stürme abwettern kann. Ich springe ins Wasser und schwimme ein paar Mal ums Boot. Das tut gut. Meine Kinder servieren an Bord das Essen und einen Drink, hoffe ich.

Weihnachten ist Hochstimmung in Bridgetown. Bis tief in die Nacht ist in der lauen Sommerluft das rhythmische Trommeln der Steelbands zu hören. Das Fest feiern wir zusammen mit den hier vor Anker liegenden Seglern der anderen Yachten. Am Strand des Yachtclubs wird am offenen Feuer Fleisch gegrillt, und es gibt Rum mit Cola. Wir sitzen und plaudern, machen Pläne, sind fröhlich, tanzen und lassen die nackten Füße durch den weichen Sand gleiten. Ein einsamer Ruderer auf COLD COMFORT ist auch dabei. Er brauchte 72 Tage von Las Palmas bis Barbados. Ganz erstaunlich ist sein Gesundheitszustand, besonders weil er nicht der Jüngste ist. Ich schätze 60 Jahre.

Diese Tage vor Anker werde ich nie vergessen. Die Erlebnisse auf See bleiben indes bei mir. Vor allem weil ich mich nicht traue, etwas von unterwegs zu erzählen. Es fragt auch keiner speziell danach. Gut, Astrid und Wilfried tun es, sonst kein Mensch. Wilfried will gern länger schlafen, aber Astrid und ich sind schon beim ersten Tageslicht im Wasser. Als Erste von all den Crews. Es ist so schön, vor allem still. Wir wollen nicht mal reden. Danach gibt es ein großes Frühstück entweder auf ULTIMA *oder* KATHENA. *Anschließend Arbeit auf beiden Schiffen. Gegen 11 Uhr rufe ich Astrid und halte eine Flasche Bier hoch. Wilfried mag das gar nicht, aber wir umso mehr. Er denkt, wir seien Trinker, aber das sind wir natürlich nicht, denn es bleibt bei einer Flasche.*

Die Südlichen Antillen sind durchweg vulkanischen Ursprungs. Barbados, die östlichste Insel, liegt zirka 80 Meilen vorgelagert und ist eine Ausnahme. Sie zeigt Tiefseeablagerungen, sodass man annimmt, dass die Insel einst ein Teil des Meeresbodens gewesen ist. Ihr vermutlicher Ursprung sind Riffkalke, die emporstiegen und so die Inseln bildeten. Die Berge sind um die 300 Meter hoch, bei klarer Sicht 30 bis 40 Meilen weit zu sehen. Im Gegensatz zu den anderen Inseln hat Barbados helle Sandstrände, die auf der Westseite mit Palmen und Blütenbäumen bis ans Wasser herunter bewachsen sind.

Barbados ist die bunteste der Inseln. Das zeigt sich in der Stadt und auch in der Mode. Die Frauen tragen Kleider mit irren Farben. Die Bevölkerung ist besonders freundlich und macht insgesamt einen zufriedenen Eindruck, allerdings fällt auf, dass die Briten ganz für sich am Stadtrand von Bridgetown leben. Einen Abend gehen wir in eine richtige Rum-Punch-Bar. Nach kurzem Trinkgelage wollen wir nur noch zurück an Bord. Wir schleichen bis zum Yachtclub und finden das Tor verschlossen. Es bleibt in unserem Zustand nur eine schwierige Kletterei und ein Zusammensinken am Strand.

Die Insel wurde 1519 von den Spaniern entdeckt und hatte zu unserer Zeit 1969 250.000 Bewohner. Die Haupterzeugnisse sind Zuckerrohr, Bananen, Baumwolle und Rum. Eine Rundfahrt über die Insel ist ein grünes, wucherndes Erlebnis. Die Bananenstauden sind alle mit weißen Plastiksäcken umwickelt. Keine Ahnung, warum.

Wie in vielen Ländern bestanden schon damals Rassenprobleme, die sich leider mehr und mehr zuspitzten, wenn auch die karibischen Inseln als am weitesten fortschrittlich angesehen wurden. Wirkliche Schwierigkeiten hatte Ingeborg nur auf Antigua und St. Thomas. Auf beiden Inseln waren die Zoll- und Polizeibeamten mehr als unhöflich. Und sie wurde gewarnt, abends nicht alleine auszugehen.

GETRENNTE WEGE

Wir wollen weiter. Nicht, dass uns die Antillen missfallen, aber es zieht uns zu den Inseln des Pazifiks. Dort wollen wir uns Zeit nehmen und viele Inseln kennenlernen. Und am besten auf einer einsamen Insel allein unter Palmen am Strand liegen.

6

Also segeln wir erst mal nach St. Vincent. Das sind 100 Meilen in 20 Stunden. Jeder mit seinem Boot. Ich will unbedingt dorthin, denn nach meiner ersten Atlantiküberquerung 1966 landete ich auf dieser Insel, nachdem ich aus nautischen Gründen mein Ziel Barbados verfehlt hatte. In der Hafenbucht Kingstown auf St. Vincent werfen wir Anker. Kingstown ist nach wie vor ein verschlafener Ort. Daher vertreiben wir uns die Zeit im schönen Botanischen Garten, um dort einen Kaffee zu trinken – mit Blick auf einen Brotfruchtbaum, den Kapitän William Bligh vor 200 Jahren von den Pazifikinseln hierhergebracht hat. Man sieht dem Baum irgendwie an, dass er schwere Zeiten durchgemacht hat, aber er steht noch.

10. Januar 1970:

Überglücklich sitze ich da, die Beine lang gestreckt. Nur Wilfried ist mal wieder in Eile weiterzukommen, um die richtigen Winde für den Pazifik nicht zu verpassen. So segeln wir die paar Meilen rüber zur Nebeninsel Bequia. Wilfried »leiht« mir sogar meine Tochter für die Überfahrt. Es ist fast wie in alten Zeiten, als wir in Holland rumkurvten. Nur geht hier ein Traum in Erfüllung:

die Ankerbucht, der Sand, wenige Menschen, Palmen die Hänge hoch und die Sonne. Ankergrund fünf Meter und weniger. Wir sind fast solo, kaum eine andere Fahrtenyacht zu sehen. Kaum sind wir dort, kommt der drängelnde Schwiegersohn. »Nun aber los!« Dabei ist alles so schön und gemütlich. Astrid und ich wollen uns auch gar nicht trennen. Wilfried jedoch ist unerbittlich, aber ich weiß auch, ohne die beiden wäre ich nicht hier.

In Bequia rüsten wir KATHENA zur Weiterfahrt nach Panama aus. Ingeborg ebenfalls ULTIMA für den Kurs entlang der Kleinen Antillen nach Norden. Die Bucht ist total geschützt und »oberherrlich« wie Astrid ständig lauthals kundtut. Unsere Schiffe liegen kaum 30 Meter vom Ufer entfernt. Wir genießen die Sonne, das türkisfarbene Wasser (27 Grad) und den breiten goldgelben Strand. Nachmittags sitzen wir gegenüber vom Ankergrund in dem kleinen Hotel Frangipani an der Strandbar und schlürfen Planter's Punch.

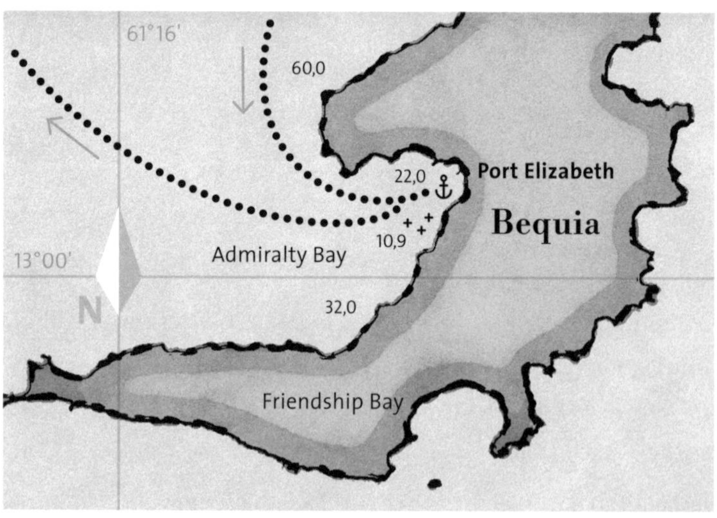

Bequia, eine geschützte Bucht für Ankerlieger, aber auch ideal für Proviant, Seekarten, Bootszubehör. Folglich sehr beliebt.

Die Strandbar muss man sich so vorstellen: Die Beine baumeln überm Sand, Schatten spenden ein paar Palmwedel, in der Hand hochwandige Gläser mit dem geschmackvollen Rumgetränk – und bezahlen tue ich. Komm, Ingeborg, noch eine Runde. An den Abenden hocken wir meist auf ULTIMA und ziehen den selbst gemixten Planter's Punch vor – ohne süßen Sirup.

Das Resultat nach einem langen Abend:

Gestern Abend habe ich mich betrunken. Wunderwunderschön betrunken, und jetzt, nachdem ich geschlafen habe wie ein Baby, bin ich erledigt. Mit der Weiterfahrt wird es heute nichts. Nicht mit mir.

Während dieses intensiven Zusammenseins in Bequia spreche ich Ingeborg auf Notizen in ihrem Logbuch an, das sie mir zum Lesen gegeben hatte. Auch über unsere geplanten Routen wollen wir beraten.

»Hat dir dein Leben auf See mehr oder weniger Einsamkeit gebracht, als du es dir gewünscht hast?«

Ingeborg: »Die ersten Wochen habe ich gezweifelt und gedacht: Was hast du da nur angefangen? Mich dann aber irgendwie hineingefunden. Die Einsamkeit hat erst am Ende geschmerzt.«

Ich: »Ich lese, dass du zeitweise ziemlich unsicher warst, und deine Stimmungen sich über den Tag veränderten. War das wirklich so?«

Ingeborg: »Ja, ich war sehr unzufrieden mit mir. Manchmal auch ausgesprochen kritisch und habe mich zeitweise mit Männern verglichen, die halten seelisch doch mehr aus. Außerdem habe ich nicht erwartet, dass Nächte auf See so finster, einsam und unendlich lang sein können. Es gab natürlich auch komplett gute Tage, wenn die Sonne schien und die Windrichtung stimmte.«

Ich: »Was meinst du zu einer Weiterfahrt zum Panamakanal mit ULTIMA RATIO. Kann dein Trimaran heftige Stürme und hohe Wellen im Pazifischen und Indischen Ozean überstehen, ohne Schaden zu nehmen?«

Ingeborg: »Ich weiß, du denkst an Geschichten, wo Trimarane mit vielen abgesegelten Meilen plötzlich auseinanderbrechen können.«

Ich: »Habe ich gehört. Du musst gut überlegen, so schön die kommenden Ozeane auch sind.«

Ingeborg: »Außerdem würden die Verabredungen mit euch in den Häfen oder Ankerplätzen Kraft und Nerven kosten. Das will ich natürlich nicht. Nach meiner Erfahrung ist auch mein Ankergeschirr viel zu schwach.«

Ich: »Stimmt, elf Kilo Anker sind zu wenig.«

Ingeborg: »Zudem reichen auch meine paar Meter Kette und Tau nicht. Und mehr Kette ist zu schwer für mich ohne Ankerwinsch. Gleich zu Beginn des Atlantiks, als ich mit viel Gegenwind konfrontiert war und meine Hände blutige Risse bekommen haben, habe ich schon notiert, dass eine Weltumseglung wohl nicht infrage kommt.«

Ich: »Entscheidend ist, bei sich selbst zu bleiben und sich nicht zu überschätzen.«

Westlich von Bequia trennten wir uns. KATHENA 2 segelte Kurs West Richtung Panama und ULTIMA RATIO entlang der Antillen nach Nord.

Ingeborg: »Ja, ich mache die Rückfahrt über die Azoren, auch wenn mir der Abschied von euch sehr, sehr schwerfällt.«

Die Entscheidung fällt uns allen schwer. Ingeborg will auf keinen Fall während unserer Hochzeitsreise ständig dabei sein. Und wir wollen ebenso nicht in Sorge auf ULTIMA in den Häfen warten müssen. Die Zeit für eine Weltumseglung als Frau allein mit einem Trimaran ohne Selbststeueranlage ist noch nicht reif.

Wir wandern ausgiebig über die Hügel von Bequia und stürzen uns anschließend am Strand kopfüber ins Wasser. Es sind Bilderbuchtage. Irgendwann nehmen wir unseren Aperitif und kochen etwas Essbares. Durch Bestechung bringt Astrid mich dazu, unseren gemeinsamen Aufenthalt um einen Tag und dann noch einen Tag zu verlängern. Sie muss dafür ein Hemd und eine Badehose aus Tahitistoff für mich nähen. Was ist schon ein Tag, wenn wir uns für mindestens zwei Jahre trennen müssen? Wir auf unserer Route Abenteuern und Gefahren entgegen, und Ingeborg würde es auf ihrem Kurs auch nicht leicht haben.

Nun, nach Bequia kann ich meine beiden nicht mehr am Ziel erwarten, ich werde wirklich erbärmlich allein sein. Das Alleinsein ist der Knackpunkt. Hätte ich nicht vor der Abfahrt in Frankreich einen großen menschlichen Verlust erlitten, wäre mein Freund Paul nicht gestorben, vielleicht hätte ich ihn überreden können, mit mir zu segeln. Er war ein richtiger Seemann, obwohl von langen Segelfahrten auf dem Meer nicht sonderlich begeistert. Doch er war mein Freund und segelte im Mittelmeer mit mir. Bei dem Gedanken laufen mir schon wieder die Tränen übers Gesicht.

Die Trennung, wir nach Westen, Ingeborg nach Norden. Erneut spielt sie mit der Idee, doch mit nach Westen zu segeln. Aber vieles ist dafür nicht klar und ausgerichtet, weder auf ULTIMA noch bei ihr selbst.

Als sich unsere Boote voneinander entfernen, laufen uns allen die Tränen übers Gesicht. Stundenlang kann sich Astrid nicht beruhigen: »Wir werden so lange weg sein, und was kann alles passieren?« Kleinlaut fügt sie an: »Meine Mutter hat mich nie zurückgehalten. Bei nichts. Niemals.« Dann setzt sie sich entschlossen an die Pinne der KATHENA, dem nächsten Ozean entgegen.

HOCH AM WIND UND KÜHLE DRINKS

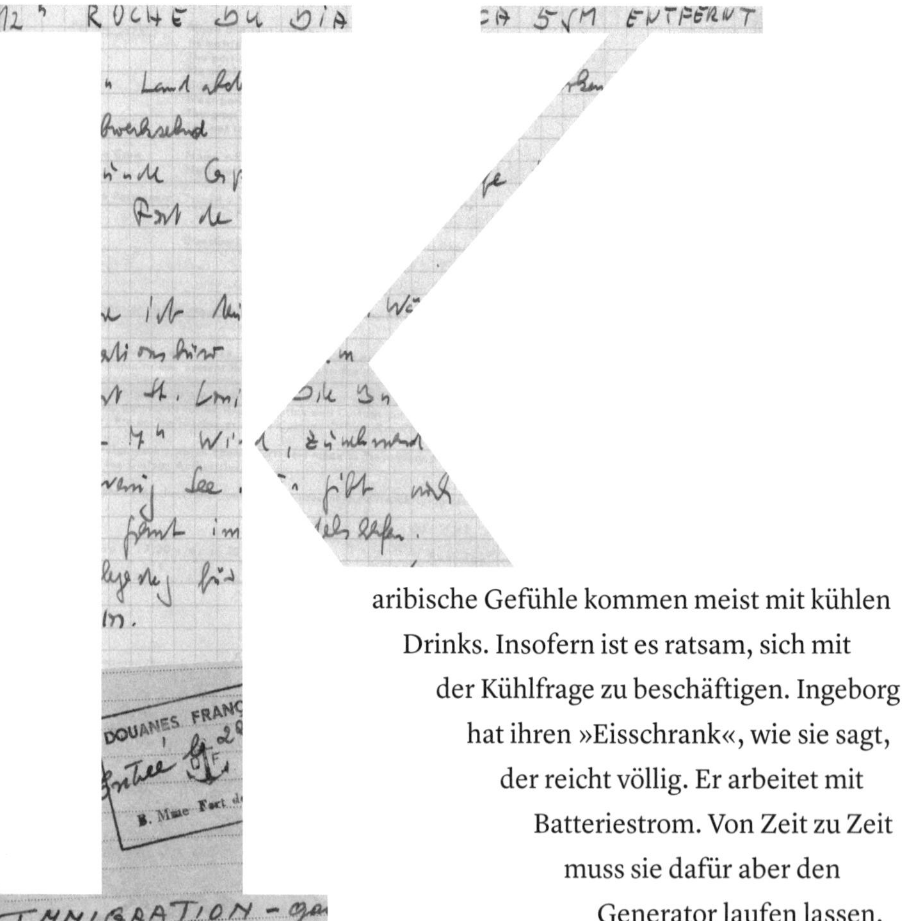

Karibische Gefühle kommen meist mit kühlen Drinks. Insofern ist es ratsam, sich mit der Kühlfrage zu beschäftigen. Ingeborg hat ihren »Eisschrank«, wie sie sagt, der reicht völlig. Er arbeitet mit Batteriestrom. Von Zeit zu Zeit muss sie dafür aber den Generator laufen lassen.

7

Auf anderen Yachten stehen Eiskisten, gut isoliert, oft riesengroß an Deck, denn Eisblöcke kann man eigentlich überall in den Häfen bekommen. Bei guter Isolierung hält eine Stange Eis bis zu einer Woche. Es hängt natürlich davon ab, wie oft die Kiste geöffnet wird.

Bei den Reisevorbereitungen in Europa wurde ULTIMA mit dunkelblauen Abdeckungen für die Fenster präpariert. Es gibt auch verschieden große Sonnenplanen, die man je nach Einfall der Sonne benutzen kann. Sie müssen nur gut verzurrt werden, denn es weht ständig. Um unter Deck eine gewisse Art von Aircondition zu erreichen, hat Ingeborg Windsäcke angefertigt, die hauptsächlich vor Anker gut funktionieren. Sie leiten den Wind bei geöffneten Luken in die Kajüte. Klar, auch dabei hat sie an starkes Material gedacht.

Die Skipperin hat auf dem Weg nach Norden immer eine Hand am hölzernen Ruderrad, das einen halben Meter Durchmesser hat. Sie steuert locker und lässt ULTIMA die Wellen hinaufklettern und wieder hinabgleiten, ohne viel am Rad drehen zu müssen. Ihre Arbeit besteht aus Steuern. Vor allem, dass sie dem Willen des Schiffes nachgibt und nur das Rad bewegt, wenn es in dem Hin und Her übermütig wird und der

Wind aus dem Segel fällt. Viel beobachten braucht sie nicht. Sie fühlt den Kurs an den Bewegungen.

In den Abendstunden, nach zwölf Stunden, erreicht sie St. Lucia. Der Anker fällt auf 18 Meter in einer Bucht, die einem Fjord ähnelt. Es ist Marigot Bay.

Sie schreibt:

St. Lucia ist eine der schönsten karibischen Inseln, obschon ich erst drei kenne und St. Lucia nicht mal richtig. Erstaunlich ist, dass ich nach dem Abschied von meinen Kindern keinerlei Nervosität oder Angst spüre. Segeln ist etwas, was ich tun muss. Ich weiß nun, dass ich es gut kann. Folglich tue ich es.

Die Insel St. Lucia wurde etwa um 1500 von Kolumbus entdeckt und wurde 1814 endgültig britisch. Ursprünglich wurde sie, wie alle anderen Inseln, von Kariben bewohnt. Heute existiert nur noch eine kleine Anzahl Nachkommen der ursprünglichen Bewohner. Es gab ein jahrhundertelanges blutiges Ringen um die Inseln. Nachdem die Kariben geflohen oder ausgerottet waren, holten die europäischen Mächte andere Arbeitskräfte, hauptsächlich Schwarze aus Afrika. Sie wurden zwangsweise deportiert und dann verkauft. Die Weste der Europäer wurde nicht weißer durch die Tatsache, dass auch die Häuptlinge in Afrika ihre Untertanen verkauften. Es ist ein dunkles Kapitel. Immer wieder geschahen Dinge, für die es letztlich keine Entschuldigung gibt.

Das Ziel Martinique, die nächste Insel, absolviert Ingeborg souverän in einer Tagesfahrt hoch am Wind. Auch sie ist ein schöner Flecken in der Karibik. Klar, auch diese Insel wurde von Kolumbus entdeckt, aber von Franzosen besiedelt, die sie heute noch verwalten. Sie ist total französisch, vom Baguette bis zur Bouillabaisse. Hier will Ingeborg länger bleiben und begegnet endlich auch vielen Yachten.

Bis hierher habe ich mich in einsamen Buchten »rumgetrieben« und war wirklich richtig einsam und allein. Setze ich einen Fuß aufs Land, fühle ich mich gleichzeitig wie im Himmel, dann wieder tieftraurig. Ich brauche jemanden, mit dem ich dieses Erleben teilen kann. Trotzdem sind die euphorischen Stunden die, in denen man allein ist.

Vieles ist anders, überall entstehen moderne Marinas. Sie nehmen den ursprünglichen Ankergrund weg. Aber andererseits bieten sie jeden Luxus: Man muss nicht mehr alles mit dem Dingi an Bord bringen oder bei Winddrehung auf den Anker achten. Ingeborg jedenfalls liegt mit vielen anderen Yachten vor Fort-de-France und ist guter Stimmung. Das Essen schmeckt exzellent. Der Wein ebenso. Hätte der Steg in einer Marina das geändert? Wohl kaum.

Ihre Landkontakte sind hin und wieder etwas zweideutig und vermutlich auch gefährlich. Zögerlich geht sie zu einem der verbotenen Hahnenkämpfe und verlässt nach wenigen Minuten angewidert und zutiefst deprimiert den Platz. Es gibt verschiedene Clubs, in die sie, nur durch Freunde eingeführt, hineinkann. Zum Beispiel wird die Familie des einheimischen Segelmachers, der ihr in nur einer Woche ein gutes, neues Großsegel anfertigt, zu Freunden, die ihr vieles zeigen und erklären.

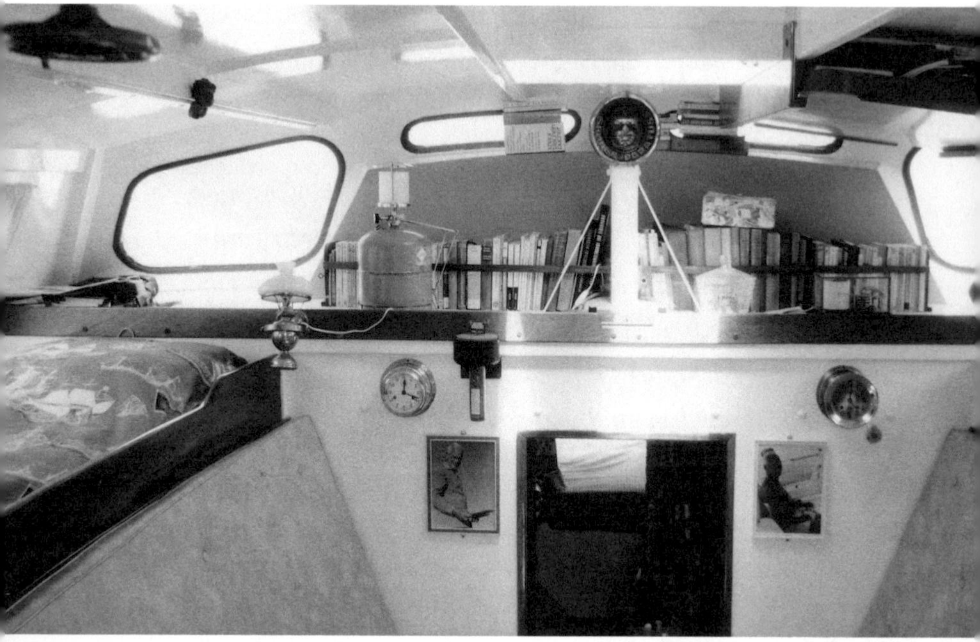

Der Trimaran bot in der Kajüte viel Platz zum Leben und wohnlichen Gestalten. Ingeborg hatte alles griffbereit verstaut.

Martinique Geschichte: Bis zum Ausbruch des Vulkans Mt. Pelée (1902) war Saint-Pierre der Hauptort in einer hübschen Bucht an der NW-Küste gelegen. Bei diesem Ausbruch kamen innerhalb weniger Minuten 30.000 Menschen ums Leben. Erstaunlich war, das niemand vorher die Stadt verließ, obgleich der Vulkan schon tagelang vorher brodelte und brannte. Ein feuriger, gleißender Wirbelwind wurde zum wahren Flammenmeer, als er mit entsetzlicher Geschwindigkeit zur todgeweihten Stadt hinunterschoss. Selbst das Wasser des Meeres trieb er vor sich her und setzte die vor Anker liegenden Schiffe in Brand. Noch heute liegt eine gewisse Trauer auf der kleinen Stadt.

Die Bevölkerung ist merklich durch Frankreich beeinflusst, bedeutend fortschrittlicher als auf den englischen Kolonialinseln, die bereits teilweise unabhängig sind. Auf Martinique herrscht sehr viel mehr Luxus und nicht diese ausgeprägte Armut wie auf den englisch dominierten Inseln. Fort-de-France als Hauptstadt ist gleichzeitig Mittelpunkt des Fremdenverkehrs mit in der Saison täglich fünf Passagierdampfern.

Dominica. Diese Insel wurde an einem Sonntag des Jahres 1495 auch von Kolumbus entdeckt und bekam daher diesen Namen. Sie liegt eine Tagesfahrt nördlich und ist ebenfalls vulkanischen Ursprungs. Die Atlantikseite der Insel ist wie bei allen anderen Inseln zerklüftet, mit vorgelagerten Riffen gespickt und nahezu ungeeignet zum Segeln oder gar Ankern. Auch gibt es nur wenige Strände. Sie ist urwüchsig und regenreich. Der südliche Teil ist der fruchtbare. Es gibt unübersehbare Plantagen von Bananen, Zuckerrohr, Kaffee, Kakao und Ananas. Die Früchte werden zweimal im Jahr geerntet.

Zuckerrohr nach 11 bis 20 Monaten. Die Zuckerrohrfelder werden zur Erleichterung der Arbeit nach der Ernte abgebrannt, was der Tierwelt in großem Maße schadet. Dominica ist die fruchtbarste, wildeste Insel der Karibik. Alles wächst üppig, sie wird auch die Naturinsel genannt. Der Urwald reicht oft bis ans Wasser. Es fallen große Mengen Regen in kurzen und heftigen Regengüssen und sorgen so für den unerhörten Überfluss der Vegetation. Die höchsten Berge sind fast ständig in Dunst gehüllt.

Warum der südliche Teil der Insel als der gesündere, der nördliche Teil und vor allem die Prince Rupert Bay als ungesund gelten sollen, ist nicht klar. Gerade dort ist es besonders schön. Ingeborg steuert die riesige Bucht Prince Rupert Bay an und ankert vor dem verfallenen Dorf Portsmouth. Der schnelle Landgang erfolgt, und ein wichtiger Aspekt drängt sich ihr auf: Sie muss sich um ULTIMA kümmern, die einen neuen Unterwasseranstrich braucht. Sie nimmt kurz entschlossen in Dominica ihr Boot an Land, da dort die einzige Möglichkeit in der Karibik besteht, wo man selbst am Boot arbeiten kann.

Sie schreibt:

Die gesamte Küste hinauf bis zur Rupert Bay hat mich nicht befriedigt, den Anker zu werfen. Dort jedoch bin ich überwältigt – wunderschön. Der Dschungel, die Berge, das Dorf. Ich pumpe hastig mein Schlauchboot auf, um an Land zu rudern. Doch der Zauber verliert sich beim Näherkommen. Überall fehlen Ziegel, Bretter, Fensterscheiben. Das einzige Haus, aus Stein gebaut, ist

eine Filiale der Barclays Bank. Magere, schwarze Schweine und zerrupfte Hühner suchen sich ihr Futter zwischen dem Abfall am Ufer. Ein unglaublicher Unrat liegt überall herum, ganz besonders an diesem zauberhaften Sandstrand. Die Hütten der Fischer ducken sich zwischen den Schlingpflanzen und Palmen und sind kaum zu sehen. So malerisch aus der Distanz, ist aus der Nähe zu erkennen, dass die Hütten aus Wellblech, Kistenholz und Pappe gebaut sind. Trotzdem liegt über allem eine Harmonie, die ich nicht vergessen werde. Offenbar haben die Bewohner keinerlei Sinn für Sauberkeit. Auch ihre Boote am Ufer sehen ärmlich aus, haben natürlich keine Motoren, nicht mal Außenborder, und sind total ohne Farbe. Wie überall sind sie aus dem unteren Teil eines Baumstammes geschnitten und mit einer Axt ausgehöhlt.

Ostersamstag, Ingeborg holt ihre Fotokamera raus und hält die traurige Idylle im Bild fest, als hinter den Palmen eine Steelband mit dem typischen Sound der Karibik dröhnt. Hier

Vorbei an den Inseln St. Lucia, Martinique, Dominica. Meistens wurde geankert, um nach strammem Segeln Ruhe zu finden.

noch original nur auf Fässern, die in verschiedenen Größen verschiedene Klänge produzieren. Ein Fischer schenkt ihr zwei Kokosnüsse mit einem Schuss Rum darin.

Mal wieder trägt die romantische Ader Ingeborg hinweg – hinauf in den Himmel. Zurück an Bord setzt sie sich auf den Bug und kann den Blick vom Dorf nicht lösen. Kleine Jungen kommen in irgendwelchen schwimmenden Kisten angepaddelt und wollen ihr Fisch verkaufen. Neugierig fragen sie, wo ihr Mann sei. Nach Monaten auf den Inseln ist sie schon klüger und sagt, dass er unter Deck und krank sei. Sofort wollen sie ihren »guten« Doktor ranschaffen. Mit dem Angebot ist sie ein wenig in Schwierigkeiten, aber sie kann die Burschen abwimmeln. Sie sind nicht aufdringlich, nur hilfsbereit.

Zum ersten Mal, als sie an einem perfekten Segeltag Dominicas Küste verlässt, leidet sie unter der Sonne. Bei Windstille brennt diese wie die Hölle, aber immer wieder treten plötzlich heftige Böen zwischen sechs und sieben Beaufort auf. Deswegen ist nicht an ein Sonnendach zu denken. Die Zeit würde nicht reichen, um den Sonnenschutz rechtzeitig wegzunehmen. Sie hat eine wundervolle Idee, holt ihren alten Bauernregenschirm an Deck, der schnell auf und zuzuklappen ist. So sitzt sie geschützt, eine Hand am Ruder, den Kopf unterm Schirm und steuert die nächste Insel an.

Es ist die größte der Kleinen Antillen: Guadeloupe. Ingeborg segelt ziemlich dicht an der Westküste vorbei, doch es herrscht Schwell, und die Gischt am Ufer fliegt hoch. Absolut nicht einladend und so bleibt ULTIMA auf Kurs Antigua. English Harbour ist das Ziel. Es ist die Bucht, in der Nelsons

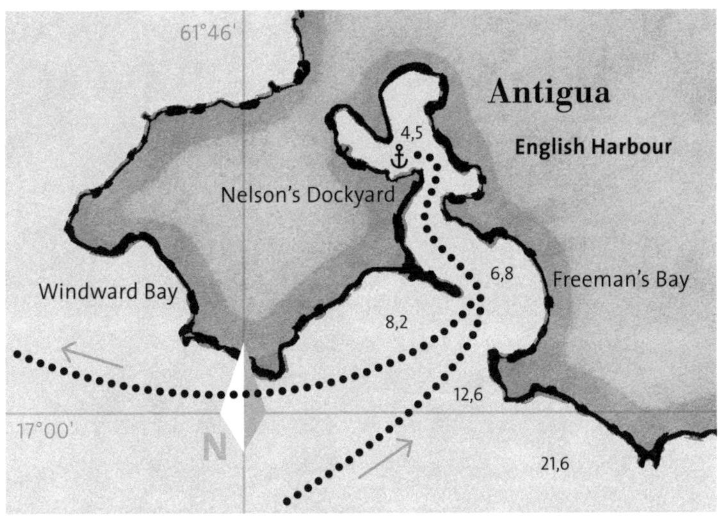

Dockyard liegt, der geschützteste Hafen der gesamten Karibik mit einem kleinen Ort und niedrigen meist aus Holz gebauten Häusern. Dort fällt der Anker auf fünf Meter.

Im Vergleich mit anderen Inseln hat Antigua nahezu keinen Wald, die Hügel erinnern an Italien, sind ausgebrannt und trocken oder mit niedrigem Gebüsch, Agaven und Kakteen bewachsen. In Nelsons Dockyard gibt es ein kleines Museum und ein hübsches Einfahrtstor, ein Stück Old England. Am Tor ist ein Briefkasten, und der Wärter verkauft Ansichtskarten mit Freimarken. Es gibt sogar zwei Läden für Bootszubehör und einen für Lebensmittel. Eine Werft und eine Tankstelle ebenfalls. Seit Jahrhunderten idealer, geschützter Ankerplatz für Schiffe aller Größen. Und: schönster Segeltreffpunkt in der Karibik mit allen Einrichtungen für Fahrtensegler. Hier könnte ich es ein Jahr aushalten. Aber Antigua ist nicht das Ende der Karibik. Da kommt noch eine Insel, von der ich viel Gutes gehört habe: Prachtexemplar Anguilla.

English Harbour auf Antigua ist ein »Hurricane Hole«, ein sicherer Hafen bei Orkan. Heute der bekannteste Charterstützpunkt der Karibik.

ANGUILLAS WEISSE PRACHT

Anguilla, das scheinbare Paradies, taucht auf. Als ich mit ULTIMA die Südwestecke runde, glaube ich das Paradies zu sehen. Die Insel ist flach, hat aber teilweise schroffe 30 bis 40 Meter hohe Küsten mit unnatürlich hellen Sandbuchten dazwischen. Wenige Häuser, keine Menschen, nur Vögel bevölkern die Strände. Über allem türmt sich der schönste Passatwolkenhimmel. Plötzlich taucht vor mir etwas auf, es sieht aus wie Palmen, die im Wasser stehen. Beim Näherkommen sehe ich, dass es eine kleine Sandinsel ist, umgeben von einem Riff, auf dem die Brandung schäumt. Die Luft ist rein wie Kristall.

8

Warum muss ich bloß bei dieser makellosen Naturschönheit immer gleich an Krieg denken? Ich habe ihn erlebt mit Bomben, Trümmern, Toten und Verletzten. Nach dem Krieg mangelte es an allem. Die Folge waren Hungern, Frieren, Organisieren. Schlimm, dass dies alles während meiner schönsten Lebensjahre passierte. Margarinebrote mit Zucker schmeckten, Brennnesselsalat weniger und für ein Stück Brot musste man anstehen. Stundenlang. Ich war mit Baby bei einer Tante untergekommen in einem Zimmer von zehn Quadratmetern. 22 Jahre alt und allein. Das war mein junges Leben. Mein Mann war im Krieg. Auch unser Geschäft in Düsseldorf war nur noch ein Haufen Trümmer. Nichts stand mehr von meinem 400-Quadratmeter-Revier, wo ich vier Jahre lang meine Ausbildung zur Einzelhandelskauffrau gemacht hatte. Wie konnte das passieren, dass fast ein ganzes Volk dem Wahn eines Einzelnen und seiner Clique folgte?

Der Name Anguilla leitet sich vom italienischen Wort anguilla für »Aal« ab. So heißt die Insel noch immer, diese längliche, an den richtigen Stellen auch rundliche Insel, eingerahmt von 33 Stränden. Ein wohlgeformtes Eiland namens Aal also. Der trockene, unfruchtbare Boden schützte die Bewohner lange

Zeit vor fremden Begehrlichkeiten. Sie blieben von Plantagenbetrieb und Sklaverei verschont. Und auch der Tourismus hat die Insel bisher nicht zerstört. Wohl auch deshalb werden die gut 6000 Anguillaner zu den freundlichsten und stolzesten Inselbewohnern der gesamten Karibik gezählt.

Die Shoal Bay, der Ankerplatz Anguillas, liegt direkt im Westen. Ich segle mit leichter Fahrt darauf zu. Er ist weit offen und zeigt beim Näherkommen die gleiche Wasserfärbung und den weißen Strand. In der Bucht liegen etwa zehn kleine Küstenschoner vor Anker, die den Transport für Lebensmittel und anderes besorgen. Ein zauberhaftes Bild. Ich kann keine weitere Yacht ausmachen. Später erzählt man mir, dass höchstens alle vier Wochen Segler in der Bucht ankern. Das gefällt mir. Das Beste, es ist umsonst.

Die zahlreichen Strände sollen die schönsten der Karibik sein. Ich lasse den Anker mit 15 Meter Kette und 10 Meter Tau in die Tiefe sinken. Hier will ich wirklich länger bleiben. Das Wasser ist türkisfarben und klar, wie ich es in der Karibik nirgendwo sonst gesehen habe. Ich bin noch mit dem Anker beschäftigt, als schon ein kleines Motorboot mit sechs Männern längsseits kommt, alle braun gebrannt und in Badehosen.

»Hallo, we see, that you just arrived.«
»Yes, not yet ready with my anker.«
»We are from the London Police.«

Ich will schon antworten, dass ich vom Mond komme, sehe aber aus dem Augenwinkel ein weiteres von einem schwarzen Boy gerudertes kleines Boot mit den Offiziellen an Bord. Der Offizier bestätigt mir, dass sie alle von der London Police sind. Mensch, bin ich froh, dass ich den Mund gehalten habe. Als diese Amtsperson sieht, dass ich allein bin, werde ich sofort zum Lunch eingeladen.

In der Station am Strand sind sieben Offiziere und ein Koch. Dem Lunch folgt natürlich auch ein Dinner und alle Hilfe, die Ingeborg braucht. Sogar Wasser bekommt sie, denn das ist an Bord wie auf der Insel knapp. Beim Essen und Trinken erfährt sie auch die Zusammenhänge: Seit einem Jahr sind 63 Offiziere der London Police auf der Insel stationiert, dazu eine Squadron Militär, die meist aus Ingenieuren besteht. Sie bauen Straßen, Schulen und sorgen für Wasserreservoire, die dringend nötig sind. 1968 gab es Unruhen, weil Anguilla unabhängig von der Föderation der Inseln Nevis und Saint Kitts sein wollte. Die Regierung dort behielt all das schöne Geld aus England, das zur Unterstützung der drei Inseln Saint Kitts, Nevis und Anguilla gedacht war.

Vor Jahren fegte ein schwerer Hurrikan, der über Anguilla hinwegzog, allen Mutterboden mit ins Meer, zerstörte die Telefonleitungen, die noch immer nicht instand gesetzt sind und nahm der Bevölkerung die Existenzgrundlagen. Sie bestanden in der Erzeugung von Kartoffeln, Salz, Baumwolle und der Zucht von Schafen und Gänsen. Nach dem Hurrikan gab es nur noch das Salz. Gegen das smaragdgrüne Meer, von den Hügeln aus gesehen, schimmern die Salzseen in diesem typischen rosaroten Glanz – unwahrscheinlich schön.

Die Insel hat 1970 6000 Einwohner, davon die Hälfte Kinder. Die Bevölkerung ist arm. Die meisten Männer arbeiten auf den anderen Inseln, teilweise sogar weiter weg und kommen nur ein- oder zweimal im Jahr mit dem ersparten Geld nach Hause, um das schon vor Jahren begonnene Häuschen ein bisschen weiterzubauen. Anguilla war die erste Insel, auf der die Sklaverei aufgegeben wurde. Der Grund ist einfach, weil die englischen Einwanderer im 17. Jahrhundert mit ihren Zuckerrohrplantagen nicht zurechtkamen und wieder abwanderten. Sie ließen die einheimischen Arbeitersklaven auf der Insel zurück, die damit frei waren.

Mir ist hier zum ersten Mal zu Bewusstsein gekommen, welch schwere Last Kolonien oder Protektorate für ein Land sein können, denn sie sind ein Fass ohne Boden. Nicht selten höre ich die Einstellung der Insulaner: »Macht ihr mal, wir wollen den Nutzen.« Das ist nicht mal böse gemeint, es liegt ganz einfach an der Situation und ist zum Teil ein Resultat der Vergangenheit. Die Armut betrifft auch die Kinder. Trotzdem sind sie vergnügt und wissbegierig. Zur Schule dürfen sie nur, wenn sie angemessene Kleidung haben. Die haben viele aber nicht. Also gehe ich durch meine Schapps, und es kommt eine farbige Menge zusammen, die durch einen der Offiziere verteilt wird. Es ist durchaus nicht selten, dass junge Frauen schon viele Kinder haben. Ich treffe eine junge, schöne Frau, 24 Jahre alt, die mit acht Kindern auf 50 Quadratmeter Wohnfläche lebt.

Eine für mich ganz erstaunliche Sache stelle ich hier wie auf allen karibischen Inseln fest. Man sagt nicht bitte oder danke. Ob sie das untereinander auch so halten, ich weiß es nicht.

Vor einiger Zeit war die Mafia an einer kleinen vorgelagerten Insel interessiert, um dort ein Spielcasino zu installieren. Natürlich sehr exklusiv. Auch Aristoteles Onassis soll Millionen geboten haben, um unter der Flagge Anguillas seine Schiffe registrieren zu lassen. Oder sind das nur Gerüchte?

Es ist für mich interessant, das Inselleben zu beobachten. Zum Beispiel sehr oft die offiziell und gepflegt angezogenen englischen Beamten mit weißen, ziemlich langen, weiten Shorts, weißen Kniestrümpfen, alles tadellos ohne einen Fleck. Auch die Oberteile sehr weit zu den langen, dünnen Körpern mit den blondbehaarten oder auch rötlichen Armen und Beinen. Sie geben sehr das Bild von Autorität und Ordnung ab. Das ist natürlich ein bisschen eine Karikatur, eine sehr liebenswerte, muss ich sagen.

Ein paar Männer der London Police sind nicht sonderlich zufrieden. Sie müssen sich für sechs Monate verpflichten und dachten, sie kämen vom kalten und nebligen London direkt ins Paradies. Die Enttäuschung ist groß. In den Unterkünften sehe ich über fast jedem Bett einen Kalender, auf dem sie die Tage abstreichen.

Es gibt niemanden, der ihnen die Haare schneiden kann, und so komme ich ins Spiel. Ich habe das zwar nicht gelernt, aber durch Abgucken und Übung in den Nachkriegsjahren bin ich gar nicht schlecht. Einer nach dem anderen kommt für einen Haarschnitt an Bord. Sie sitzen dann gemütlich im Deckstuhl, einen Drink in der Hand und genießen es. Natürlich gebe ich mir große Mühe. Ganz besonders, wenn einer mit einem Kanister Trinkwasser als Geschenk kommt, denn ich habe immer zu wenig Wasser an Bord.

Es sind wunderschöne Tage, ja verwunschene, unwirkliche Tage. Ich werde nicht bedroht oder bedrängt und als Krönung – ich brauche kaum Geld. Man akzeptiert mich als Kamerad, manchmal auch als Kapitän. Anguilla ist das Nonplusultra der Freiheit. Schon dafür hat sich meine Fahrt gelohnt. Und für die Atlantikquerung sowieso.

KRANK UND AM RUDER

Ungern verlasse ich die zauberhafte Bucht, in der ich so ruhig und unbelästigt liege, aber ich muss weiter. 85 Seemeilen sind es bis zu den British Virgin Islands. Das Beste wäre ein Start am Nachmittag, früher oder später, je nach Windlage, denn ich will bei Tageslicht am nächsten Tag dort ankommen. Doch es ist so wenig Wind, dass ich die Zeit vorverlege und schon um 12 Uhr den Anker hochhieve. Am Nachmittag brist es dann auf, und ich ahne, dass ich zu früh ankommen werde.

9

Nachts um vier Uhr baue ich alle Sicherheitsfaktoren ein, nehme die Segel runter und warte, nach Westen treibend, den Sonnenaufgang ab. Ich bin sicher, dass ich weit genug südlich bin, um von den gefährlichen Ansganabänken freizubleiben. Ich nehme mir die Zeit, die Situation zu klären, dabei die Umrisse der vor mir liegenden Inseln zu erkennen, Buchten und Kaps sowie Höhenangaben und Größen zu vergleichen. Schließlich weiß ich, wo ich bin.

In der Nacht beginnen die Schmerzen im Rücken. Speziell vom unteren Teil des Rückens strahlen sie aus. Sie werden immer schlimmer und machen mich ganz steif. Ich nehme Schmerztabletten, doch sie geben nur für kurze Zeit Erleichterung. Am Morgen gehe ich in der ersten Bucht an der Südküste von St. John vor Anker. Ich kann nicht mehr. Schon zehn Meilen vor St. Thomas setzten die Schmerzen mir dermaßen zu, dass mir alles egal war. Angst macht mir, warum die Schmerzen in meinem Rücken so furchtbar sind und ich keinen Weg herausfinden kann. Nachdem ich spüre, dass der Anker im Grund sitzt, schlafe ich ein. Fest und lange. Ich träume von meinen Schmerzen und vom Tod.

Es ankert nur eine andere Yacht in der Bucht. Jedoch weit weg und nur schwach zu erkennen. Ein paar Tage bleibe ich hier. Der andere Ankerlieger ist, als ich aufwache, natürlich längst weg und ich total allein. Ich versuche mit leichten Übungen, erst mit den Beinen und dann mit dem ganzen Körper, das Elend zu bändigen. Danach ist es, ganz erstaunlich, etwas besser. Ich kann mich bewegen, mich fast ohne Schmerzen mit Essen und Trinken versorgen und sogar ins Wasser springen und ins fünf Meter tiefe türkisfarbene Wasser tief und tiefer tauchen. Schwimmen soll ja immer gut sein. Die untergehende Sonne blinzelt plötzlich knapp über dem Horizont unter den Wolken hindurch, einer Wolkendecke, die den ganzen Tag über düster und schwer wie eine Filzdecke auf die See drückte. In diesem Moment leuchten Land und Wasser unwahrscheinlich satt in der jeweiligen Farbe. Das Spektakel ist in den Tropen leider nur kurz.

Man lebt mit den Schmerzen und leidet darunter, aber nach einer Woche geht es mir besser, doch ich fühle mich anders. Ich spüre es an meiner Haltung und meinen Bewegungen. Ich habe das Malheur überlebt, bin aber noch nicht wiederhergestellt.

Nach diesen Schmerztagen muss ich wegen der Einklarierung weg Richtung Hauptinsel. Nachdem ich den Anker mühevoll aus dem Grund gebrasselt habe, beginnen die Rückenschmerzen erneut und werden so schlimm, dass ich nur mit Mühe in die schmale St. Cruz Bay auf St. Johns segeln und ankern kann. Da liege ich leider zwischen vielen anderen Booten, das Land einen Steinwurf entfernt. Ich bin dreiviertel tot vor Schmerzen, kann mich praktisch nicht mehr bewegen. Wie ein glühendes Eisen schießt es von unten her über mein Rückgrat. Zwei weitere Tage liege ich flach. Lebe von Schmerztabletten, die dann irgendwann nicht mehr wirken. Ich bin komplett am Ende. Ich brauche einen Arzt, aber bevor ich nicht einklariert bin, kann ich keinen aufsuchen. Verdammt. Irgendwann muss ja jemand kommen und mich aufscheuchen.

Blind vor Schmerzen greife ich zur Morphiumspritze. Glücklicherweise bin ich bestens ausgerüstet. Noch eine zweite ist nötig, bevor ich wieder aufstehen, die Arme hochheben, mich waschen und auf die Toilette gehen kann.

Endlich kann ich auch mit meinen Papieren zum Anleger rudern und einklarieren. Und »just round the corner« nach St. Thomas auf den Virgins segeln. Ja, segeln, sieben Seemeilen. Groß hoch, Anker auf (mit Stöhnen), Fock hoch und auf Kurs. Es geht zwar langsam, aber alles gelingt ohne Missgeschick.

Die große Bucht von Charlotte Amalie ist voller Ankerlieger, auch bei der Marina gibt es keinen Platz, also gehe ich weit draußen vor Anker. Das ist aber erst mal genug für meinen Körper. Zwei Tage krebse ich herum und schaffe es, ohne Medikamente schließlich ins Dingi zu springen und an Land zu motoren. Es sind nicht die Lebensmittel, die mir fehlen, ich brauche Geld. Eine Nachricht meiner Bank erreichte mich nicht. Was bleibt? Ich muss mich auf die Suche von Bank zu Bank machen. Die siebte hat zum Schluss den Transfer auf meinen Namen.

Mit einer großen Tasse Kaffee setze ich mich ins erstbeste Café und verstaue die vielen Scheine getrennt am Körper. Überall ist man sehr unfreundlich, besonders auf der Post, wo man mich fast rauswirft. Außerdem habe ich Angst, überfallen zu werden. Mit kleinen Schritten wanke ich umher, bezweifele, dass mir ein Arzt entscheidend helfen kann. Also lasse ich es.

Ich habe nur die Erlaubnis, für eine Woche auf St. Thomas zu bleiben. Am Ende bin ich doch über drei Wochen geblieben. Deutsche Jungs sagten mir, dass ich besser die Flagge streichen solle, um nicht weiter aufzufallen. So liege ich nun unerkannt zwischen all den anderen Booten. Ich zähle zwei Trimarane, 14 Cats und

100 Kielyachten aller Größen. Ein Tri ist ein Charterboot und er hat sogar ein elektrisches Klavier an Bord. Ein Klavier? Schon der Gedanke lässt mich schmunzeln, obwohl mein Plattenspieler ja auch eine kleine Dekadenz darstellt. Das gesamte Ankerfeld liegt praktisch vor mir, und ich kann beobachten, wie häufig alle ihre am Heck montierten Grills benutzen.

St. Thomas ist eine äußerst beliebte Insel, wie man an der großen Flotte sieht, trotzdem gibt es Buchten in den Virgins, wo man fast allein sein kann. Überall ist das Wasser kristallklar und warm. Um 25 Grad. Wegen der Haie geht niemand nach Sonnenuntergang schwimmen. Wohl weil ich allein bin, werde ich oft zu Barbecues an Bord oder an Land eingeladen. Dann fühle ich mich als überflüssige dritte Person. Ein Grund, warum ich manchmal absage. Hin und wieder baumeln auch hinter ULTIMA *drei oder mehr Dingis. Sie ist ein »open drinking house«, und die kleinen Tapas sind beliebt. Endlich mal wieder habe ich nette Kontakte. Sie sind alle jung, die Girls fürchte ich nicht, und die Männer wollen mich nicht. Eine prima Basis.*

Nie habe ich auf den Konstrukteur von ULTIMA RATIO *Arthur Piver geschimpft, weil er die Maschine bei dem Entwurf augenscheinlich ignoriert hat. Allein der Anblick, wie er sie eingebaut hat – in einem Schacht ohne Entlüftung, daher viel zu feucht – ist ein Grund, warum sie praktisch nie läuft. Ja, ich will segeln, am liebsten jede Meile, aber wenn ich sie brauche und sie dann nicht startet, ist es doppelt verflixt. Hinzu kommt die große Breite und die Lebendigkeit des Bootes, die Manöver oft erschweren. Im Laufe der Fahrt habe ich die Idee entwickelt, zwei Eimer mit je einem dicken Tau aufs Heck zu stellen und mit einem Fußkick ins Wasser zu befördern, um den Tri im Hafen zu bremsen.*

Noch ein Satz zu St. Thomas: Die Inseln liegen im Gebiet südlich ziehender atlantischer Tiefdruckgebiete, es gibt daher anhaltende über Stunden dauernde Regengüsse. Wenn kein Passat weht, steht die Hitze. Besonders nach Regenfällen ist es drückend feucht und vor allem heiß. Ich verhole ULTIMA *in die Bucht Little James, um noch mal das Unterwasserschiff zu reinigen. Dafür bin ich mit Schwimmflossen, Taucherbrille und einer harten Wurzelbürste gewappnet. An einem Tag habe ich die drei Rümpfe mit wenig Tiefgang geschafft. Der Hauptrumpf hat ganze 60 Zentimeter, die beiden Auslegerrümpfe gerade einmal 35 Zentimeter. Ein sauberes Unterwasserschiff brauche ich für die Fahrt zu den Bermudainseln. Auf dem Kurs hoffe ich auf 840 Seemeilen Passatwind. Und Appetit auf die beim Tauchen am Grund gefundenen Muscheln habe ich. Nur durch Kochen kann ich die Tiere aus dem Gehäuse ziehen, mit Zitrone beträufelt schmecken sie gut. Ich behalte die gesäuberten wunderschönen Muscheln als Souvenir.*

Ob ich die Inseln der Karibik noch einmal wiedersehe? Kann sein, aber Zweifel kommen auf. Mein Traum war, einmal über den Atlantik und zurück. Und das ist zur Hälfte gelungen. Ich bin glücklich. Mehr als 20 Buchten und Häfen habe ich besucht. Landschaftlich ein Traum, menschlich nicht ganz »my cup of tea«. Egal. Interessant war es allemal. Nur – ich spüre meinen ganzen Körper. Meine Hände sind aufgescheuert vom vielen Anker einholen. 15 Meter Kette und 20 Meter Tau sind ohne Winsch keine Kleinigkeit. Danach sitze ich manchmal erschossen in der Plicht und kann den Stift kaum halten. Jetzt kommen viele Meilen ohne Ankern. Gut so.

KURS BERMUDA

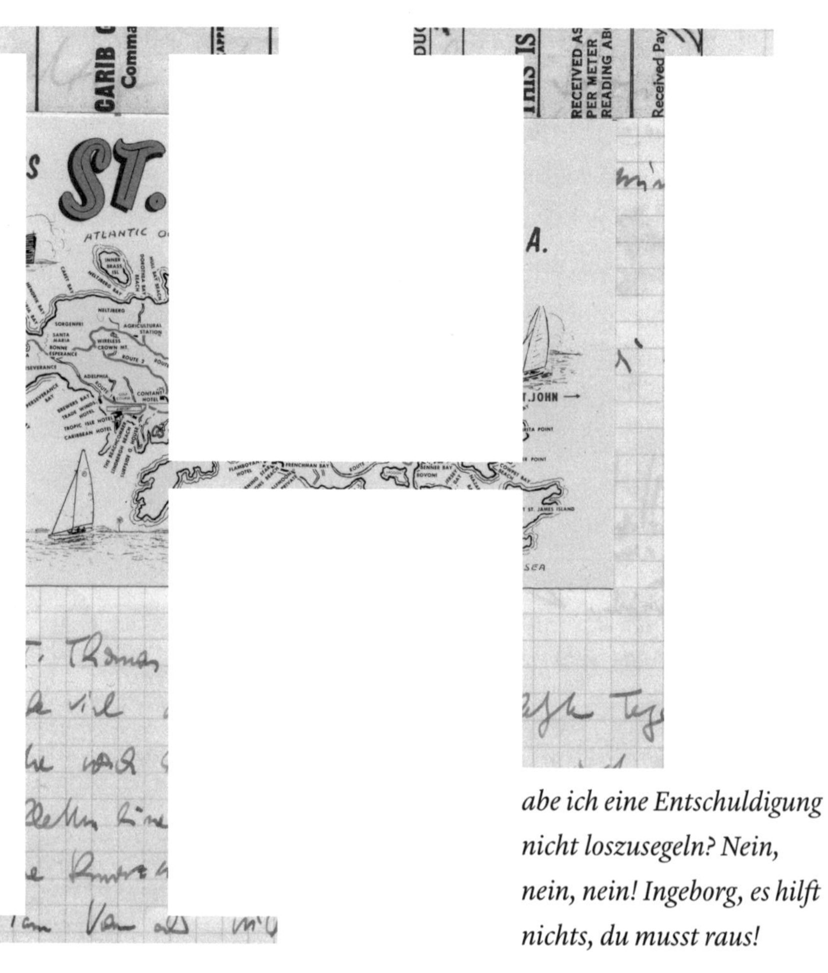

abe ich eine Entschuldigung nicht loszusegeln? Nein, nein, nein! Ingeborg, es hilft nichts, du musst raus!

10

Kurz vor Mittagzeit startet Ingeborg zu den Bermudainseln. Fock und Groß sind schnell hoch und die Fallen durchgesetzt. Den Kurs aus der Bucht hat sie im Kopf und das Ziel auch. Bermuda hat an der Ostseite eine breite Einfahrt, um den Ankerplatz anzusteuern. ULTIMA ist in guter Verfassung. Auch ihre eigenen körperlichen und seelischen Probleme hat Ingeborg ein wenig abgebaut. Noch immer ist sie vorsichtig mit ihrem Rücken. Sie vermeidet vor allem hastige Bewegungen, sodass alle Tätigkeiten langsam geschehen.

Die Skipperin notiert:

Gut 800 Meilen zu den Bermudas liegen vor mir. Eigentlich ein Klacks. Wäre es nur nicht so heiß mit wenig Wind wie schon befürchtet. Bedeutet Segel hoch, Segel Steuerbord, Segel Backbord, Segel runter, Segel hoch, Kurs hart am Wind – mal für Minuten, dann wieder für Stunden. Ich brauche lange, um mich von den letzten Jungferninseln freizusegeln. Wenn Wind weht, kommt er zu weit nördlich. Bin die ganze Nacht an Deck und am Ruder.

Es ist eine mühsame Nacht. Vieles ist trotzdem außergewöhnlich und spektakulär: der Sonnenuntergang, der Mond, die Sterne, die Unendlichkeit. Dann voraus der Nordstern, achteraus das Kreuz des Südens. Fantastisch bei fast Flaute und absolut null Welle. Ich bin eine Seglerin ohne echtes Ziel.

Die Ingeborg ist fassungslos, als sie den Eintrag ins Logbuch am Tag darauf liest. Aber so war es. Das echte Ziel, die Karibik, war erreicht, und jetzt verlässt sie es und weiß nicht genau, wohin. Bermuda, Azoren, Gibraltar? Egal. Im Moment, bei schwachem Wind, kann sie sich darüber gut Gedanken machen. Vom Hundertsten ins Tausendste zu kommen, über Gott und die Welt zu grübeln, war immer schon ihre Art und gefällt ihr auch.

Am 20. Mai kann sie trotz Windlotterie für 30 Stunden auf See 178 Seemeilen in die Seekarte eintragen. Große Freude, aber die Sonne! Erbarmungslos strahlt sie von einem wolkenlosen Himmel und macht müde und schlapp. Kurs 355 Grad liegt an. Geografisch hat sie die Tropen verlassen, jedoch nicht klimatisch. Sie sehnt sich zurück auf den bedeckten Atlantik. An die Tage, wo ULTIMA um die 200 Seemeilen machte, und der Nachthimmel nie richtig schwarz wurde, eingerahmt von der rauen Natur des Meeres. An die Momente, wo Segeln für sie nur Freiheit und Abenteuer bedeutete – auf der Kante sitzen, ins Meer springen, an den Segeln zerren. Das war die vollkommene Freiheit, wild wie der Wind. Dennoch ist sie überglücklich, wieder auf See zu sein. Man könne oft das Atmen vergessen vor all der Schönheit und Einzigartigkeit auf dem Meer, schreibt sie, Gefühle zu zeigen falle ihr schwer. Nur im Logbuch, das schon mehr einem Tagebuch gleicht, findet sich etwas:

Wieder bin ich alleine mit ULTIMA RATIO in der unendlichen Natur, die von keinen menschlichen Geräuschen gestört wird. Das ist das Reizvolle am Einhandsegeln, völlig auf sich allein gestellt zu sein. Geht etwas schief, bin ich der Täter. Da gibt es keinen anderen Verursacher. Ich muss es selbst ausbaden.

Ihre Eintragungen fallen ohne ersichtlichen Grund immer spärlicher aus. Am Tag darauf hält sie fest:

Heute ist kein Tag fürs Logbuch. Bleibt leer, oder ... ich will mal erklären, worauf der Begriff Einhandsegeln basiert: eine Hand für die Segel, die andere für die Sicherheit.

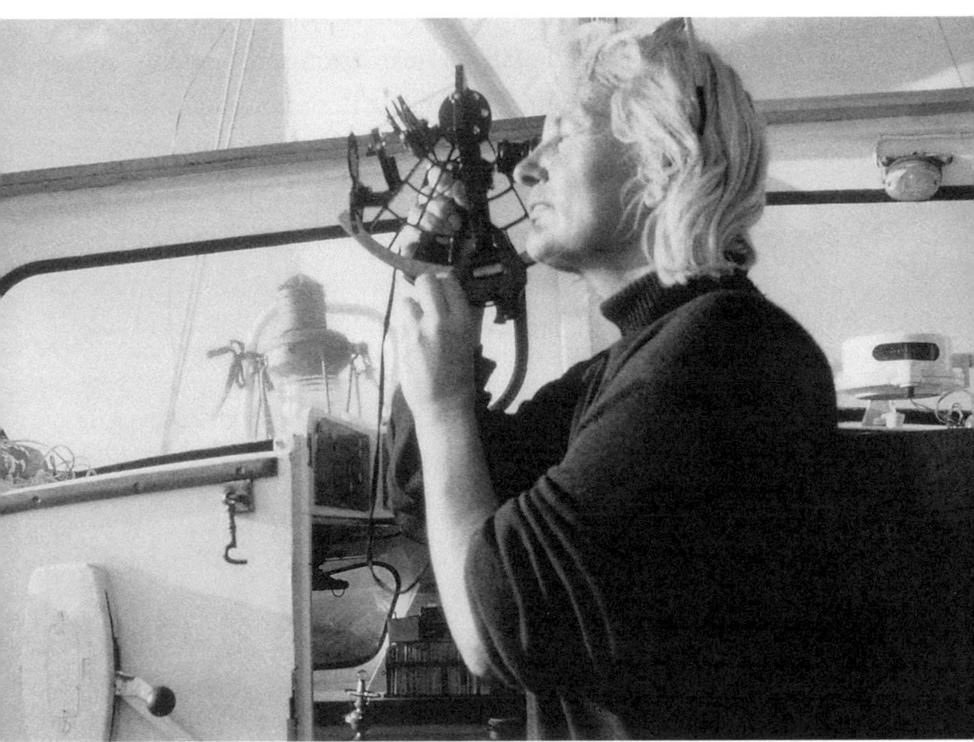

Bis Bermuda sind es 800 Seemeilen, da mussten der Sextant und der Rechenblock wieder täglich zur Hand genommen werden.

Auf ihrer Route zu den Bermudas werden sich kaum Frachtschiffe oder Flugzeuge verirren. Sie gönnt sich nachts einige Stunden Schlaf, vorausgesetzt, ULTIMA steuert sich selbst.

In der zweiten Nacht geht »meine Geliebte« fast 20 Mal unter Genua durch den Wind. Mir bleibt nichts anderes übrig, als die Genua gegen die Fock zu wechseln. Damit wird es weniger schwierig, die Segel neu zu trimmen. Entspanntes Einschlafen bleibt das große Problem.

Der neue Tag beginnt mit Sargassogras. Die Felder, 20 bis 30 Quadratmeter groß, werden dichter und sind mit leuchtend grünen Büscheln nicht zu übersehen. Ab und an steckt ULTIMA in einem Feld von Hektargröße. Ingeborg ist enttäuscht, denn sie dümpeln inmitten der Sargassosee im sogenannten Bermudadreieck. Von den Sargassoalgen berichtete bereits Kolumbus auf seiner ersten Fahrt. Seine Matrosen hatten Angst auf darunter versteckte Riffe zu stoßen, doch das Lot stieß niemals auf Grund. Die wildesten Schauermärchen sind aus diesem Sargassomeer im Umlauf. Zum Beispiel, dass Schiffe vom Gras gefangen wurden und sanken. Nachts am Ruder bereut Ingeborg, dass sie nicht mehr Lektüre über dieses Strömungsgebiet eingepackt hatte.

Sie notiert:

Allein unterwegs wird man so wissensdurstig, dass es oft wichtiger ist als Essen. Essen muss ich zwar auch, doch ich kann momentan nichts runterkriegen. Kein Appetit. Außerdem tropisch heiß, und es geht zu langsam voran. Ich will zügig durch dieses Meer. Der spanische herbe Wein als Appetitanreger ist längst getrunken, und irgendetwas lustlos in meinen Mund stopfen, ist mir zuwider.

Das kleinste Ereignis muss von der Seglerin untersucht werden. Sie quält zum Beispiel die Frage, warum sich das Sargassomeer nur auf einem bestimmten abgegrenzten Gebiet befindet. Die Informationen, die sie an Bord hat, führen sie zu einigen Erklärungen. Der Name des Krauts kommt aus dem Portugiesischen. Sargaco heiß übersetzt Tang. Das Sargassomeer ist Teil des Atlantiks zwischen den Azoren, Bermuda und den Westindischen Inseln. Die Wassertemperatur beträgt 20 bis 25 Grad, der Salzgehalt liegt bei etwa 37 Prozent. Sie weiß, dass sich dort das Laichgebiet der Aale befindet, deren Larven mit dem Golfstrom nach Europa treiben.

Auch ULTIMA treibt Tage und Nächte in langen Flauten. So geht es voran, aber die Meilen lohnen nicht in die Seekarte eingetragen zu werden. Die Position vom Vortag ist praktisch noch in Sichtweite. Kein Grund für Ingeborg, in schlechte Stimmung zu verfallen. Sie genießt es, auf dem Meer und mit dem Meer zu sein.

Irgendwann segelt der Tri über die tiefste Stelle des Ozeans, den Puerto-Rico-Graben mit über 8000 Meter Tiefe. Da führt Schwimmen zu einer diffusen Angst. Die mittlere Tiefe aller Meere liegt bei 3700 Metern. Nur ein Prozent der gesamten Meeresfläche ist tiefer als 6000 Meter. Der Marianengraben bei den Philippinen ist mit über 10.000 Metern die größte bekannte Tiefe. Man kann auch im Ijsselmeer ertrinken, sagt sich Ingeborg. Trotzdem fühlt sie sich diesmal unsicher. Seit

Jahrhunderten werden skurrile Geschichten erzählt. Eine davon hat sie besonders beeindruckt: Ein altes mit Salz beladenes Segelschiff kam in Seenot, woraufhin die Besatzung das Schiff verlassen musste. Vor ihren Augen sank es. Stunden später war es plötzlich wieder da, auf dem Wasser schwimmend. Die hoffnungsvollen Matrosen glaubten an ein Wunder und begannen unverzüglich dorthin zu rudern. Aber das Schiff sank erneut. Ob man dieser Erzählung glauben darf? Im Bermudadreieck hören die Schauermärchen nicht auf.

22. Mai 1970:

Weite blaue See. Sternenklare Nächte. Als ich mit einem Bootshaken Algen vorm Bug aufnehme, tropft richtig Leben aus den Büscheln. Krebse, kleine Fische, Seepferdchen. Täglich besuchen Goldmakrelen ULTIMA. Schöne große Fische. Klar, versuche einen zu fangen, gelingt leider nicht. Gut so, wäre sowieso zu groß. Wir treiben in Totenflaute. Segel liegen an Deck. Ich stehe an Deck, in der Hand einen Becher Tee mit Milch und Zucker, und spüre, wie meine Lebensgeister mich ermahnen, aktiver zu sein.

Zirka 30 Meilen vor Bermuda erwischt mich ein heftiger Starkwind mit Regen. Ein nur schwacher Ausläufer eines Hurrikans bei Kuba, aber mir reicht's. Für Hurrikans ist es eigentlich noch zu früh im Jahr. Juni, Juli wäre okay. Nun tropft es von Deck überall durch irgendwelche Ritzen. Meine Bücher sind nass – schrecklich. Die Polster, Kissen, kein Handtuch mehr trocken. Die ganze Substanz ausgetrocknet und undicht von den tropischen Monaten in der Sonne. Gummidichtungen an den Fenstern halten eben nicht ewig. Aber mein Schiff ist doch fast neu!

Am 12. Seetag sind sie da. Das heißt, Ingeborg sichtet Umrisse von Land. Bermuda ist eine langgestreckte Inselkette von 181 Koralleneilanden, einige Meter, vereinzelt bis 70 Meter über dem Meeresspiegel. Die meisten unbewohnt oder von Schweinen und Hühnern in Besitz genommen. Gegen Mittag sind es noch 15 Seemeilen. Weil ihre Position zu weit westlich liegt, muss sie aufkreuzen. Das dauert mit einem Trimaran, denn der segelt hoch am Wind ausgesprochen schlecht. Wie immer entspricht der Wind in diesem Seegebiet nicht den Versprechungen der Windkarten. Gut, dass man das vorher nicht weiß.

Denke, noch eine Nacht kreuzen und die Sargassosee ist Geschichte. Wie üblich kämpfe ich gegen die Hitze, bin total verbrannt, Sonnenöl schützt gar nicht mehr. Nun muss ich endlich mein neues Großsegel, in Martinique genäht und seither behütet wie ein Baby, herausholen. Trotz vieler Reparaturen tut es das alte einfach nicht mehr. Mit massenhaft Flicken und aufgescheuerten Nähten sieht es außerdem schlecht aus. Vor allem hat die Figur gelitten. Die Fock ist auch kein Vorzeigesegel mehr. Das Sonnendach überm Cockpit ebenfalls brüchig, aber ohne kann ich Sonne und Helligkeit nicht ertragen.

Am 30. Mai 1970 schafft sie es. Mit all den Korallenriffen ringsum zieht sich Ingeborgs Ankommen noch über den ganzen Tag hin.

ST. GEORGE'S HARBOUR

Früher Morgen. Sicht bestens. Der Wind kommt aus Süd und ich aus Nord. Das bedeutet, dass ich einen Kreuzkurs an der Nordostküste segeln muss, um zur Ansteuerungstonne von Bermuda zu kommen.

11

Ich sitze in einem hellen Hemd am Ruderrad. Mir geht es gut, wie üblich beim Ankommen. In der rechten Hand das Fernglas auf der Suche nach der ersten Tonne. Von dort aus sind es noch zehn Seemeilen bis zur Einfahrt. ULTIMA neigt sich leicht zur Seite, obwohl der Wind schwach und schwächer wird. Sie beginnt leicht auf und ab zu hüpfen, die Segel schlagen viel, Mast und Stagen knirschen. Irgendwann gegen Mittag habe ich endlich die Tonne, jetzt suche ich die zwei weiteren Tonnen an der Einfahrt, die ich auch relativ schnell im Glas habe, denn sie sind nur gut zwei Meilen weiter. Dann kommen eine Reihe kleiner Tonnen, die in Richtung Hafen Saint George's führen.

Ich muss erwähnen, dass die Maschine, als ich sie wegen der Untiefen brauche, nicht anspringt. Den Kopf unten im Maschinenschacht versuche ich alles, aber sie startet einfach nicht. Kerze, Benzinleitung, Zündung, Vergaser – ich gehe konsequent durch, doch sie macht keinen Mucks. Zudem muss ich zwischen den Tonnen die Orientierung behalten, denn an der gleichmäßigen flachen Felsenküste kann ich die endgültige Einfahrt in den Hafen nicht ausmachen. Sie ist zu allem Übel nicht besonders breit, überall tost die Brandung. Meine geradezu panische Angst vor Riffen ist fast lächerlich, aber ich kann sie nicht ablegen. Endlich finde

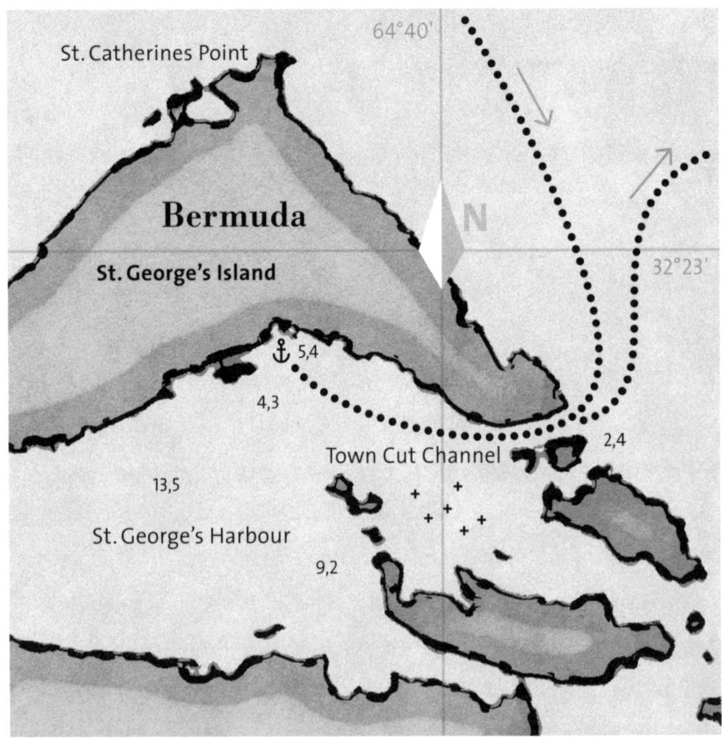

ich die vier Tonnen vor der Einfahrt, und schnell ist alle Unruhe passé. – Bin im Cockpit den Tränen nahe, schon den ganzen Tag. Ich sehne mich nach Menschen, Gesprächen, Zuneigung – vielleicht. Himmel, wieder mal habe ich es geschafft. Wegen Kreuzschlägen fast 1000 Meilen ganz ohne Motorhilfe.

Im ruhigen Wasser, nahe des Ortes Saint George's, wirft Ingeborg in einer seichten Bucht auf fünf Metern den Anker und verschnauft. In Sicherheit! Nun kann nichts mehr passieren. Sie springt kopfüber ins Wasser und schwimmt ein paar Runden ums Boot, ehe sie sich unter Ächzen und Stöhnen am Heck hochzieht. Die Küste besteht aus unwesentlichen Erhe-

Im Hafen von St. George's bot sich für ULTIMA der Luxus eines Liegeplatzes am Kai. Viele Crews traf Ingeborg mehrfach.

bungen mit niedrigen Büschen und Bäumen. Der Ort natürlich aus Steinen und wenigen hohen Häusern.

Kaum später sind schon ihre englischen Freunde von der OCEAN HIGHLANDER da. Sie hieven den Anker und verholen ULTIMA wenige Hundert Meter an den Quai. Nur vier Besucherboote sind dort. Es gibt im Handumdrehen englischen Tee und Kekse. Ingeborg langt richtig zu und beteiligt sich an der Konversation: Wie viele Tage? Wetter? Allein? Auf das Wort Allein folgt Einsamkeit. Die Tatsache stößt auf Ablehnung und Bewunderung zugleich. Klar, man staunt einfach. Es folgen Fragen zum Tri, immer noch ein ungewöhnlicher und ja unbekannter Bootstyp zu dieser Zeit. Das war in allen Häfen ein ähnlicher Ablauf.

Bermuda ist ein Traum. Sauber, grün, wunderbare Straßen, abseits der Alleen Parks und blühende Gärten, viele türkisfarbene Lagunen und letztlich sehr freundliche Menschen. Jährlich muss jedes Haus sauber geweißt werden. Ingeborg darf zu ihrem Bedauern ihr Mini-Motorrad – ja, dafür war neben Plattenspieler und Kühlschrank auch noch Platz – nicht an Land bringen. Es wäre ideal gewesen, aber Zulassungen für Autos und Motorräder sind limitiert. Für jedes Haus nur ein Auto. Und über Brücken kommt man auf fast jede Insel oder jedes Eiland. Immerhin kann man ein Moped leihen. Und das tut sie ausgiebig.

Die Inseln sind wirklich platt und mit 55.000 Bewohnern schon überbevölkert. Sagt man mir. Alles ist blitzesauber, wie ich schon am ersten Tag feststelle. Wege und Straßen blumenumsäumt. Und die Badebuchten zwischen den Riffen mit Sand und Stegen ver-

sehen. Wirklich ein Paradies. In die Bar des Segelclubs lässt man mich nicht rein. Die ist nur für Männer. Die Ladies haben einen separaten Raum. Eben typisch englisch. Bermuda ist britisches Überseegebiet.

An Bord wurde viel gefeiert und dann immer die jeweilige Flagge für die Gäste gesetzt. Auf Bermuda waren es zahlreiche Amerikaner.

Seit 1888 hat Bermuda eine Selbstverwaltung. Entdeckt wurden sie von dem Spanier Juan de Bermúdez 1503, der aber wegen der gefährlichen Riffe nicht an Land ging. Seit 1612 sind die Inseln von den Engländern okkupiert. Heute lebt man hier hauptsächlich vom Fremdenverkehr. Ingeborg kann sich wirklich nicht über Einsamkeit oder Abgeschottetsein beklagen. Sie trifft viele Amerikaner, die dort stationiert sind. Wird oft eingeladen. Noch öfter an Bord besucht. Kommen nie ohne ein paar Flaschen, etwas zu lesen oder kleine Geschenke unter dem Arm. Sie improvisiert dann etwas zu essen, denn ULTIMAS Bilge ist noch immer schön gefüllt.

Ganz selbstverständlich werden einige notwendige Reparaturen und auch kleine Verbesserungen übernommen. Sie selbst braucht nichts mehr zu machen. Und täglich gibt es auf einer der inzwischen acht bis zehn Yachten ein kleines Bordfest. Es wird gut getrunken und gefeiert.

Von einer holländischen Yacht bekomme ich kiloweise Eipulver. Wie gut hat mir das geholfen, denn es war einfach die beste Qualität. Ein Engländer, der einen Gartenbaubetrieb hat, kommt am Tage vor meiner Abfahrt mit seinem Lieferwagen und entlädt Körbeweise teure Früchte und teures Gemüse. Danke. Klasse Abschiedsgeschenk. Ein großes selbstgebackenes Brot ist auch dabei. Wie freundlich und überwältigend. Ich werde alle nie wiedersehen. Während meiner Fahrt fühle ich mich hier am besten aufgehoben. Kommt dem Wort Willkommen am nächsten. Der Abschied fällt schwer. Ich muss viele Menschen umarmen und an meine Brust drücken. Ich habe das Gefühl, Sommer und Winter in Bermuda erlebt zu haben. Dabei bin ich gerade mal 14 Tage hier.

KAMPF MIT DEN FLAUTEN

Die zweite Atlantiküberquerung liegt vor mir. Diesmal von West nach Ost. Die 840 Meilen von St. Thomas zu den Bermudas habe ich mit Sonne im Rücken gut geschafft. Erstaunlich ist, dass ich keinerlei Unruhe oder gar Angst fühle. Es kommt etwas, was ich tun muss. Ich weiß nun, dass ich es kann. Es fängt auch gut an. Achterlicher Wind weht mich zügig aus der Lagune. Das Land, einige flache Hügel, sind schnell am Horizont verschwunden. Und ich bin frei.

12

2000 Seemeilen bis zur Azoreninsel Faial sind machbar. Sicher bei schwachem Wind und meistens von vorn laut meiner »Pilot Charts«. Es könnte mühsam werden, und es könnte lange dauern. Aber das bekümmert mich nicht. Ich war schon immer davon fasziniert, lange Zeit auf dem Meer zu verbringen.

Am letzten Hafentag packt Ingeborg wieder einmal ihren Plastiksack für den Notfall, falls ULTIMA sinkt und sie das Dingi zu Wasser lassen muss. Darin sind: Angelhaken und -leinen, ein Stück Segeltuch, Segelnähzeug, verschiedene Konserven, eine Flasche Brandy, konzentrierter Zitronensaft, eine Zange, eine Handvoll anderes Werkzeug, zwei Messer, ein Becher, ein Dosenöffner, Rauchfackeln, Signalpistole mit Munition, eine Taschenlampe mit Batterien, eine Seekarte der Region, ein Kompass, Bleistift, Papier, Ölzeug, Medikamente, ein faltbarer Sonnenhut mit großem Rand, ein dicker Pullover, eine lange Hose, Wollsocken und ein paar Kleinigkeiten, die von Nutzen sein könnten. Fest mit dem Dingi verbunden ist ein gut verschlossener 20-Liter-Wasserkanister. Der würde also direkt mit dem Dingi ins Wasser fallen. Trinkwasser wäre bei einem Schiffbruch das Hauptproblem. Mehr kann man in der

Situation nicht tun. Als sie diese Vorbereitungen trifft, hat Ingeborg ein gutes Gefühl. Ihr Wahlspruch ist ohnehin: »Semper Paratus« – »Allzeit bereit«. Ein Untergang wäre dennoch ein Drama.

Ich bin heiter und gelassen und hole noch eine Handvoll Dinge zusammen. Ungern verlasse ich diese wunderschöne Insel mit ihren freundlichen Menschen. Es sind nur knapp 2000 Meilen, die müssten doch in drei Wochen zu schaffen sein – mit ein bisschen günstigem Wind. Mein Wunsch an Aiolos ist: Bitte Wind aus der richtigen Richtung und am liebsten stetige fünf bis sechs Beaufort, damit ich nicht ständig Ruder gehen muss.

Wie es drüben in Europa weitergehen soll, weiß Ingeborg noch nicht. Sie kann nichts anderes machen, als im Moment mit der Natur zu leben, denn auf dem Meer ist für sie alles sehr viel klarer. Sie grübelt trotzdem: Verchartern im Mittelmeer wäre eine Möglichkeit. Darüber hatte sie sich schon in der karibischen Inselwelt informiert. Sogar Ausrüstung und Rezepte aufgelistet. Nur: Für mehrere Mitsegler wäre ihr Tri zu klein, denn Mehrgewicht schwächt bei hartem Wetter das Seeverhalten. Auch auf dem Mittelmeer gibt es schwere Stürme. Nur nach Frauen suchen, die mitsegeln wollen, ist auch nicht ihr Ding. Sie kommt besser mit Männern zurecht, nur man kann sich das nicht aussuchen.

Ob im Mittelmeer das Seglerleben ebenso harmonisch abläuft wie auf Bermuda? Durch die vielen Abschiedsgeschenke hatte ich mehr zu essen, als ich bewältigen konnte, und gab Dick auf AURAG *ordentlich was ab. Einhandsegler haben immer Hunger. Ich wiederhole mich: Ich hatte eine so wunderschöne Zeit unter dem blauen Himmel von Bermuda. Ein exklusiver karibischer Traum. Danke. Auch die Männer dort standen auf meiner Seite. Denn eine Frau, die allein reist, steht oftmals in einem schlechten Licht. Erst recht eine wie ich, sehr selbstbewusst, steht im toten Winkel.*

ULTIMA und AURAG beschlossen, gemeinsam am 9. Juni Kurs Azoren abzulegen. Sie waren die letzten Boote und ihre Skipper sichtbar unruhig. AURAG ist eine Zehn-Meter-Slup aus Neuseeland. Ihr Skipper Dick ist auch »singlehander«, aber begleitet von einer sehr gut funktionierenden Hasler Windsteueranlage und einer dicken Maschine. Am Abend vorher wurde noch ein Abschiedstrunk mit einigen amerikanischen Freunden auf ULTIMA genommen, der Ingeborg und Dick schwer angeschlagen am nächsten Tag erwachen ließ. Aber es half nichts, bei »los« musste es losgehen. Dick konnte seinen Rausch draußen auf dem Meer ausschlafen, Ingeborg nicht. Sie musste aufmerksam am Ruderrad sitzen.

Der Wind weht anfangs frisch aus Südost und recht böig. Rasch sind Groß, Fock und Besan gesetzt, damit sich ULTIMA hart am Wind selbst steuert. – Es funktioniert mal wieder nicht, also Rudergehen. Ingeborg braucht eigentlich Erholung von den anstrengenden Tagen auf Bermuda. Sie ist müder als am Tag ihrer Ankunft. AURAG segelt in Sichtweite. Sie hat zwei Vorsegel gesetzt und überholt ULTIMA am Abend. Für Ingeborg ein aufreizender Anblick: Dick sitzt ganz sorglos im Cockpit, während ihr Blick sich ständig auf die Segel und den Kompass richtet.

Die ganze Nacht zuckele ich so dahin. Mit der Genua könnte ich sicher bessere Fahrt machen, aber dann müsste ich voll konzentriert am Ruder hängen. Das will ich nicht. Nicht am ersten Tag auf dem Meer sich schon verausgaben. Nein. Bald wird ja der Tag kommen und ich etwas finden, um mich vom Ruder zu verabschieden. Bei mir geht es sowieso immer um den Versuch, ULTIMA *zum Selbststeuern zu bringen. Dadurch bin ich meistens langsamer, weil ich viele Nächte die Segel streichen muss, während mein Freund Dick mit* AURAG *durchsegelt und mich längst schon überholt hat. Kein Mensch kann ernsthaft 24 Stunden und länger am Ruder stehen und einen konstanten Kurs halten.*

Mir geht heute das schöne Wort Heimweh nicht aus dem Kopf. Wo ist mein Heim? Momentan ULTIMA RATIO. *Aber kann ein Schiff Heimat sein? Ja. Ja, wenn ein Windchen weht, ist es der Himmel.*

Am nächsten Tag ergeben Ingeborgs astronomische Beobachtungen ein Etmal von 90 Seemeilen. Sie ist zufrieden, darf nicht gleich zu Anfang meutern. Doch in ihrer Navigation ist der Wurm drin, sie verrechnet sich oft. Sie muss ein zweites Mal die Sonne schießen und nachrechnen, bis sie den Fehler findet. Das kostet Kraft und Zeit. Auch der nächste Tag ist seglerisch zufriedenstellend – feine 120 Meilen.

Es ist ein herrliches Gefühl, alles an Bord in Ordnung zu wissen. Sogar mein »Igloo«, meine neue Eiskiste, ist gefüllt. Das Eis wird drei bis vier Tage halten, mein Brot auffrischen und die Getränke kühlen. Ich ruhe mich, lang gestreckt auf Deck, von all den Strapazen an Land aus. Die Sonne knallt mit ganzer Kraft, aber meinem

Körper schadet es nicht, ich bin inzwischen schon recht braun. Beim Blick in die Sonne kommt mir der Gedanke, dass es fast zu gut anfängt, es so jedoch nicht bleibt, nicht bleiben wird. Und richtig, eine Stunde nach Sonnenuntergang flaut der Wind auf ein Beaufort ab. Damit bin ich keineswegs einverstanden. Der Himmel ist bedeckt, und es wird sehr dunkel. Unter Deck rühre ich Teig für Pfannkuchen an. Ich will wenigstens gestärkt in das Wetter gehen, das momentan aufzieht. Schon zum Mittagessen hatte ich mehr als üblich auf dem Tisch: Ein Steak mit Zwiebeln, grüner Salat, Toast, Kaffee, Kuchen. Reine Völlerei. Herrlich, was ULTIMA *mir alles bietet. Im Geschäft in Düsseldorf gab es warmes Essen erst abends.*

Ein Seestück, auf dem der Wind selten konstant wehte. Manchmal hatte Ingeborg pro Tag mehr als ein Dutzend Segelmanöver.

Am 12. Juni verzeichnet die Seglerin immerhin ein Etmal von 125 Seemeilen. ULTIMA läuft unter Vollzeug. Zum Ende des Tages dreht der Wind weiter nach Süd und daher muss sie wieder ständig Ruder gehen. Es sind noch 1600 Meilen bis Faial. An diesem Tag erspart sie sich den Krach des Generators, egal, wie der Batteriestand ist. Sie genießt die herrliche Ruhe, begleitet nur von dem Geräusch, das entsteht, wenn der Bug das Wasser gleichmäßig wegdrückt.

Seit Bermuda keine Schiffe gesehen, obwohl die Wetterlage klar und sichtig ist. Ich halte in der Nacht wie immer regelmäßig alle 20 bis 25 Minuten Ausschau. Dafür kommt ein nettes Windchen auf. Wie herrlich kann Segeln sein. Ich sitze im Cockpit, bin entspannt und glücklich, wieder für eine längere Strecke auf dem Meer unterwegs zu sein.

Ingeborg denkt dauernd an Eisberge oder schwimmende Eisbrocken, denn sie sieht auf der Karte die einzelnen Markierungen der vergangenen Jahre, in denen sie weit südlich trieben. Sie vertraut aber ihrem guten Schiff. Dafür streikt ihr Kühlschrank. Wenigstens die letzten Eisstücke in der Kiste sorgen für kalte Getränke. Von einem frischen Thunfischfilet kann sie nur träumen. Sie überlegt zu angeln, aber die Fische auf dem Meer sind ihr zu groß. Ihre seltenen Versuche sind letztlich während der gesamten Fahrt kein einziges Mal erfolgreich, und die auf ihrem Weg in die Karibik auf dem Deck gelandeten Fliegenden Fische bleiben so eine Ausnahme.

Erneut schwimmen riesige Flächen Sargassokraut vorbei. Der Barograph steht seit Tagen fest. Die Windrichtung bleibt konstant bei Süd. Immerhin drei Beaufort. Zwischendurch sogar manchmal fünf. Ihr letztes Etmal ist mit 120 zwar nicht besonders für einen Trimaran, aber immerhin: Es geht voran. Leider muss sie viel am Rad aushelfen.

Irgendwann komme ich nicht an dem Krachmacher Honda vorbei, doch er tut mir den Gefallen nicht, Krach zu machen. Im Gegenteil, er gibt keinen Ton von sich. Beleidigt? Später kann ich ihn erfolgreich reparieren. Kurz vorher bewundere ich etwas, was ich nie zuvor gesehen habe: einen Halo, einen hellen Lichtkreis um die Sonne in starken leuchtenden Farben: rot, gelb, blau. Faszinierend, mir bleibt fast das Herz stehen. Dauernd denke ich an Hurrikans, die über den halben Atlantik wüten können, aber nie habe ich gelesen, dass ein Halo ein Vorzeichen wäre. Er entsteht durch die Brechung und Beugung der Lichtstrahlen an den Wassertropfen. Bei einheitlicher Teilchengröße entstehen Ringe. Um 18 Uhr hat sich der Halo aufgelöst und wird langsam blasser. Der schöne Tag geht zu Ende. Ich richte mich am Ruder mit einer Tafel Schokolade ein. Sie hilft beim Kampf mit der Zeit, denn es dauert immer quälend lange, bis eine Stunde rum ist.

Auch in den nächsten Tagen sieht die Seglerin immer noch keine Schiffe. Dafür kann sie in den langen Stunden am Ruder die Vögel studieren. Es sind ausschließlich kleine Sturmschwalben, etwa 15 Zentimeter lang. Ihr Flug ist flatterhaft, und sie sind dunkelbraun mit ein bisschen Weiß an der Brust. Später hat Ingeborg die Gelegenheit, eine in der Hand zu halten. Auf ihrer südlichen Route der Atlantiküberquerung hat sie so weit draußen auf dem Meer wenig Vögel gesehen.

Dauernder Südwind macht Ärger. Sie lechzt nach vier Tagen auf Südwest, um die Twinsegel setzen, an Deck sitzen und Däumchen drehen zu können. Nach dem Studium der Windkarte wäre es richtiger, erst mal 110 Grad Kompasskurs zu laufen und nicht den direkten Azorenkurs, etwa 75 bis 80 Grad, wie momentan. Außerdem wichtiger, in der Nacht Ruhe zu finden, denn bald würde sie in die Schifffahrtslinie Bahamas-Biskaya kommen.

Man glaubt es nicht, schon in der darauffolgenden Nacht ist das erste Schiff da, das sogar seinen Kurs ändert und mit einem Scheinwerfer signalisiert: »Which ship?« Ich antworte mit meiner Taschenlampe. Die Signale für das Wort »sailboat« habe ich im Kopf. Obschon das Handelsschiff mit reduzierter Maschinenkraft fährt, bekomme ich es mit der Angst zu tun ob der Nähe. Ich hechte unruhig an Deck hin und her. Mit Rumbrüllen erreiche ich gar nichts. Offenbar hatte die Crew keine Erklärung für ein weißes Licht so dicht über dem Wasser. Es dauert eine Ewigkeit, bis sie abdrehen und ich Luft holen kann.

Nachdem am sechsten Tag ein schöner Wind weht, manchmal um sechs Beaufort, leider immer noch Süd, geht er am siebten runter auf ein Beaufort. Durch das ständige Rudergehen und den starken Druck auf dem Ruder sind Ingeborgs Handknöchel schmerzhaft geschwollen, und die Hornhaut in den Handflächen wird immer dicker.

Am 8. Seetag jedoch, dem 16. Juni, verschlechtert sich das Wetter. Aus Osten zieht eine drohende Wolkenfront auf, und die Dünung wird schnell höher. Nachdem Ingeborg neun

Am 24. Dezember 1969 war es Ingeborg gelungen, den Atlantik in 33 Tagen zu überqueren. Im Cockpit vergleichen wir neugierig unsere Kurse.

Mit voller Fahrt von über zehn Knoten näherte sich ULTIMA RATIO der Carlisle Bay auf Barbados und ging vor Anker. Leider hatte Ingeborg solch ein Passatwetter auf dem Meer viel zu selten.

Gibt es etwas Schöneres als Fahrtensegeln? Nein. Ingeborg hatte immer wieder wunderbare Momente. Auf See wie an Land.

Sie lebte intensiv und sportlich. Und verstand, das Segeln zu genießen. Der Trimaran lud mit wenig Schräglage dazu ein.

Unser traumhafter Ankerplatz auf Bequia. Dennoch wollten wir bald weiter. Ingeborg auf die kleinen Antillen nach Norden, wir nach Westen mit Kurs Panama. – Sie hielt alles in bunten Logbüchern fest.

Ingeborg beim Einkaufen. Wesentliche Dinge erledigte Sie selbst, so wurden auch Baggywrinkles, die das Schamfilen der Segel im Rigg verhindern, von ihr konzentriert angefertigt.

Die Twins sind zwei gleich große Vorsegel von jeweils 15 Quadratmeter. Eine ideale Segelstellung im Passat, wenn es von achtern weht. Oft ergab sich so die Möglichkeit, dass der Trimaran sich selbst steuerte.

Es war faszinierend, wie schnell der Trimaran Geschwindigkeit aufnahm. – Die Navigation, koppeln und Bojen abhaken, wurde unmittelbar nach dem Ablegen erledigt.

Immer gab es etwas zu tun. Segel hoch, Segel runter. Weglaschen oder Verstauen. Die Manöver fanden immer in Eile statt, weil das Schiff ohne Selbststeuerung aus dem Ruder lief.

Der Nordatlantik zeigte sich unter Wasser lebendig. Sie beobachtete einen agressiven Hai, faszinierende Portugiesische Galeeren, fliegende Fische und unzählige Felder von Sargassokraut.

In der Dämmerung bei ausgedehnten Flauten zwischen Bermuda und den Azoren genoss Ingeborg manchmal die absolute Stille des Ozeans, auch wenn sie zur gleichen Zeit das Ziel herbeisehnte.

Auf beiden Booten hingen zum Abschied Bananenstauden, die wir für ein paar Dollar bei den Bauern selbst schlagen durften. – An Land oder an Bord, ohne Wäschewaschen kommt niemand aus.

Die üppige Landschaft einmal selbst zu sehen und auf eigenem Kiel zu erreichen war Ingeborgs Traum. – Als junge Frau hätte sie sich nie zugetraut, allein übers weite Meer zu segeln und für alles verantwortlich zu sein.

Stürmischen Tage auf See zeigten der Skipperin die Grenzen auf.
Sie hatte Bedenken, weil Trimarane als nicht besonders sicher galten.

Stunden totale Flaute hatte, wäre ihr ein Wind aus der richtigen Richtung gegönnt, aber er dreht auf Ostnordost. Voll von vorn. Die Wolken werden dichter und lassen kein direktes Licht mehr durch. Wenig später prasseln aus der Regenfront lotrecht große Tropfen. Sie tauscht in Eile die Twinsegel gegen die Fock, um wenigstens erst mal hart am Wind steuern zu können. Wenig begeistert harrt sie am Ruder aus. Fünf bis sechs von vorn sind natürlich miserabel und machen den Kurs durch die enorm hohe Missweisung von fast 20 Grad noch schlechter. Hinzu kommt die stark frequentierte Schifffahrtsroute, aus der sie spätestens zur Nacht hin gerne raus sein will. Stundenlang fetzen immer neue Regenschauer übers Boot, während der Seegang unangenehm wird. Ingeborgs Ölzeug ist nicht mehr ganz dicht.

9. Seetag:

Der Tag bringt mir die Begegnung mit einem Wal. Von ihm sehe ich nur sechs bis acht Meter. Mein erster Gedanke: wieder ein Wrack, schwimmend mit Kiel oben. Grau bis schwarz, glänzend. Erst Sekunden später wird mir klar, dass es kein Wrack sein kann. Ist auch kein Bewuchs am Objekt zu sehen. Seltsam. Ich arbeite gerade auf dem Vorschiff, als ich plötzlich schreckerstarrt ein paar Meter vor dem Bug diese schwarze große Masse sehe. Zuerst kann ich mich nicht rühren, bin wie gelähmt. Für ein Segelmanöver ist es ohnehin zu spät. ULTIMA läuft fast nicht. Dann erkenne ich einen Riesenwal, der langsam abtaucht, als ULTIMA ihn beinahe berührt. Gott sei Dank ohne uns einen Schlag mit der Schwanzflosse zu verpassen. Ich denke, dass er sicher geschlafen hat. Immer öfter hört man in letzter Zeit, dass Segelboote von Walen attackiert wurden. Ich glaube nicht daran, auch wenn es Fälle gibt, wo Boote spurlos verschwanden. Einige erinnere ich: zum Beispiel Joshua Slocum. Er verschwand mit seinem Boot auf dem Atlantik, aber das war vor fast 100 Jahren. Dann Wilfrieds Cousin Helmut in der Karibik mit seinem Holzboot SPÖKENKIEKER *auf Kurs Panama. Einfach weg. Nie wurde etwas vom Boot gefunden. Oder Arthur Piver – dem Konstrukteur meines Trimarans – geschah ein Gleiches. Er verließ San Francisco und wurde nie wieder gesehen.*

Ich weiß von drei Yachten, deren Besatzungen gerade noch in ihre Rettungsinsel steigen konnten. Sie trieben dann wochenlang, bevor sie gerettet wurden.

Wale sind Säugetiere und brauchen Luft. Daher kommen sie an die Wasseroberfläche. Sie sollen außerdem sehr klug sein. Man sagt, dass, wenn ein Junges geboren wird, sich die weiblichen Wale untereinander helfen. Vielleicht sehen sie in Booten ihre Feinde, besonders in kleineren Yachten. Ich weiß zum Beispiel, dass die Walfängerboote der Azoren nur 12 bis 14 Meter lang sind. Mit ihnen werden die Wale harpuniert und dann von den Ruderbooten zurück in den Hafen geschleppt. Ich habe auch gelesen, dass jedes Mal, wenn ein Boot mit einem Wal im Schlepp in den Hafen kommt, in Horta ein Signalschuss ertönt.

Am Nachmittag des gleichen Tages sinkt Ingeborgs Stimmung im Gleichschritt mit dem Barographen. Es ist kühl an Deck, und so brüht sie sich einen Tee, gibt einen Schuss Rum dazu, um sich ein wenig aufzuheitern. Langsam wird es Zeit, die Wollsachen herauszukramen. Nach neun Tagen auf See befindet sie sich erst auf dem 50. Längengrad. Sie macht wenig Strecke bei schwankendem Wind meistens aus Ostnordost. Da keine Wetteränderungen und keine Schiffe zu erwarten sind, nimmt Ingeborg das Groß runter, um mehrere Rutscher neu anzunähen.

Sie schreibt in ihr Logbuch:

Ein Etmal von 42 Meilen. Ich mag das gar nicht notieren. 42 Seemeilen. Wenigstens in die richtige Richtung. Gesegelt bin ich durch diesen Zickzackkurs sehr viel mehr. Niederschmetternd für so viel Arbeit. Die zahlreichen Flautenstunden machen sich auch bemerkbar. Laut meinen »Pilot Charts« soll es hier nur sieben bis acht Flautentage geben. Ich hoffe, dass ich die nicht alle in Folge bekomme.

Mit meinem Obst habe ich Glück. Es war glücklicherweise nicht reif, als ich es in Bermuda bunkerte. Auf meiner Route ist es nicht so heiß und feucht. Bei Fahrten übers Meer bekommen Lebensmittel wieder die Anerkennung, die ihnen zusteht. Essen wird für die Stimmung und die Moral immer wichtiger, und alles wird aufgegessen.

Nachts ist es plötzlich kalt wie im hohen Norden. Ich streife zwei Pullover über. Frieren und erheblich mit Schlaf in Rückstand zu geraten ist fatal. Wenn die Twinsegel gesetzt sind, weckt mich meine innere Uhr alle 20 Minuten. Folglich dreimal pro Stunde aufstehen, um alles zu kontrollieren und vor allen Dingen den Horizont mit dem Fernglas ins Auge zu fassen. Andere Segler meinen, ich sei verrückt und übervorsichtig, denn die schlafen mit ihren Windsteueranlagen wie in Abrahams Schoß.

Das kleine Kofferradio war nur in Landnähe zu gebrauchen.
Aber auch dort leider nur selten geeignet zum Hören klassischer Musik.

Zehn Tage sind rum. Nach meiner Berechnung sind es noch 1050 Seemeilen, ein ganz ordentlicher Tampen. Ob zehn weitere Tage reichen? Ich habe Zweifel.

Bei Ingeborgs Trödelei wird sie all ihre Freunde in Horta nicht mehr treffen. Die meisten haben Crew und funktionierende Maschinen und können die Flauten überbrücken. Vermutlich war sie neidisch. Alle, die sie fragte, hatten bei der Ankunft ihre Dieseltanks leer. ULTIMA dagegen bewegt sich träge durch die ruhige See. Ganz und gar nicht Trimaran-like. Bei wolkenlosem Himmel ist es immer möglich, die Kulmination der Sonne zu schießen, mit den Messwerten am Kartentisch zu rechnen und die Koordinaten in die Karte einzuzeichnen. Ein Riesenspaß für Ingeborg – oder auch nicht, je nachdem, wie das Etmal ausfällt.

Der 12. Seetag. Ein Tag mit 14 Stunden Flaute. Die See ist völlig platt. Ich mache einen Kopfsprung ins Meer. Nackt. Bei Flaute zu schwimmen, ist meine größte Freude. Blau das Meer, weiß das treibende Schiff im spiegelglatten Wasser und die Sonne voll und klar am Himmel. Ich haue aufs Wasser und lasse es spritzen. Klar habe ich Spaß dabei. Ich tue es wieder und wieder. So fühlt sich die absolute Freiheit an. Im Anschluss backe ich einen Kuchen. Krame dafür meine französische Kuchenform raus, die man direkt auf die Gasflamme setzt. Der Kuchen wird wie in einem Ofen gebacken. Auch die Backzeit ist identisch. Ich wundere mich immer, warum dieses wunderbare Ding nicht auf anderen Yachten zu finden ist. Leider geht mein stiller Tröster, mein Biervorrat, zur Neige. Abends mache ich mir wieder mein Luxusessen, Spargel mit

Schinken, Kartoffeln und Buttersauce. Und dann Kuchen! Um Mitternacht »segeln« wir weiter. Ich steuere unter allen Segeln geradewegs auf die Azoren zu.

Der 13. Seetag kann nichts Gutes bringen, habe sage und schreibe ein Etmal von 20. Zwanzig! Kein Wunder bei der Flaute und dem anschließenden Luftsäuseln von 0,5 bis 1 Beaufort. Nach der Karte bin ich jetzt Gottlob in dem Gebiet, wo der Strom mit 0,5 Knoten nach Osten setzt. So kommen immerhin zwölf Seemeilen täglich zusätzlich heraus.

Der 14. Tag bricht schön an. Schon um fünf Uhr herrscht strahlende Sonne. Das Sargassogras ist seit Tagen vollkommen verschwunden. Einfach weg. Das einmalige Blau liegt wieder ungebrochen und endlos um mich. Vereinzelt sehe ich Portugiesische Galeeren. Je älter die Tiere, eine Art Qualle, sind, umso farbiger leuchten sie. Sie driften auf der Wasseroberfläche. Im Englischen nennt man sie auch Floating Terror, weil ihre Nesseltentakel bis zu 50 Meter lang sein können und bei Berührung starke Schmerzen hervorrufen.

Ein kaum zu spürendes Windchen kommt aus Südost. Ich hatte eine scheußliche Nacht mit deprimierenden Gedanken, wohl zu viel Kaffee und Coca-Cola getrunken. 40 Meilen Etmal. Es ist zum Haare raufen. Ich schmeiß mich noch mal in die Koje. Am Ruder werde ich nicht gebraucht. – Lass dich nicht hängen, tu etwas Nützliches. Es wartet keiner auf dich. Das stimmt wohl, einen Mann habe ich auf der Fahrt nicht gefunden. Doch da ist ein Buch, das schon lange auf mich wartet. – »Kap Hoorn, der logische Weg« von Bernard Moitessier. 230 Seiten Seeprosa und gute maritime Poesie. Es geht los mit einem Stück Leben, von dem ich mir eine gewinnbringende Scheibe abschneiden kann.

Am 15. Tag ist Schluss mit Flautensegeln. Dieser Satz aus meinem Logbuch hat keine Auswirkung. Es geschieht nichts, die Sonne scheint, der Barograph steigt stetig, eine absolute Hochwetterlage. Ich feiere mich selbst mit einem Umtrunk. Prost. Die Uhr wird eine Stunde vorgestellt. Jetzt bin ich auf 44 Grad West und 36 Grad Nord. Wie schön, dass ich das so genau weiß und um vieles schöner, dass ich das auch nur mit dem Sextanten, den Tafeln und der Uhrzeit errechnen kann. Brauche vorüberfahrende Schiffe nicht zu fragen, wo genau ich bin. Ich erinnere mich, dass ich in Holland Crews getroffen habe, die in den Hafen einliefen und nach dem Namen des Ortes fragten.

Der Wind schralt, ich hantiere mit den Segeln herum. Setze sogar für eine Stunde Twins. Es hat nicht viel Sinn. Sie schlagen, stehen back, hängen rum. Dennoch habe ich am anderen Tag mit all der Arbeit 76 Meilen im Logbuch auf meinem gewünschten Kurs von 85 Grad.

Der 17. Tag bringt mir die Begegnung mit GERA *aus Rostock. Der Frachter passiert recht nah, dreht um und kommt sogar zurück. Wir grüßen mit der deutschen Flagge, wobei ihre leicht mit Hammer und Sichel verändert ist. Wäre nett, jetzt mit dem Kapitän (darunter machst du es wohl nicht) ein kühles Bier zu trinken. Was sie mir zurufen, kann ich nicht verstehen. Ich schaue lange nach, bis sie am Horizont verschwinden. Es war schön, geht mir richtig zu Herzen. Ostdeutsche Seefahrer! Aufmunterung kann ich gut gebrauchen, denn es geht mir mies. Mein Gesicht ist geschwollen und voller kleiner Bläschen. Sicherlich habe ich trotz großem Strohhut einen Sonnenstich, die Sonne tut direkt weh. Ich muss wie auf den karibischen Inseln ein Sonnendach übers Cockpit spannen.*

Nachmittags sieht Ingeborg in zirka 50 Meter Entfernung an Backbord ein großes rundes Gebilde. Es ist dunkel, hat viele in regelmäßigen Abständen herausragende Stacheln und schwimmt tief im Wasser. Seine Größe kann sie nicht schätzen, doch die »Stacheln« geben ihr zu denken. Ob es eine Mine ist, die im Meer schwimmt? Auch ein Schritt den Mast hoch gibt keine Klarheit. Jedenfalls stellt sie sich so oder ähnlich eine Mine vor, die vom letzten Krieg unkontrolliert im Meer herumtreibt. Aber irgendwann über viele Jahre müsste sie doch gestrandet sein? Merkwürdig, das alles. Ingeborg kommt auf seltsame Gedanken, dorthin motoren will sie allerdings nicht. Sie notiert die Position.

Außer Sichtweite der »Mine« gehe ich wieder während der Flaute schwimmen. Es ist ein himmlisches Gefühl, so allein im Ozean zu treiben. Ein bisschen ängstigt es mich, wenn ich an all das Wasser unter mir denke. Komisch, an Haie denke ich nicht.

Freitag, 26. Juni. Schon der 18. Tag. Wieder strahlende Sonne. Ich habe Genua und Groß gesetzt und bin am Ruder wie festgewachsen. Etmal 65 sm. Noch 610 bis Horta. Aber schon mittags totale Flaute. Niederdrückend. In der Nacht sehe ich auf Parallelkurs zwei Handelsschiffe.

Am 19. Tag weigert sich die Ozeanseglerin, die Sonne zu schießen. ULTIMA hat sich nicht fortbewegt. Nicht eine Meile. Da schaut man aufs Wasser und kann es nicht glauben. Mittags misst sie 38 Grad im Schatten – ohne einen Hauch Windkühlung. Die See ist wie ein Spiegel. Wenn sie sich über die Reling beugt, sieht sie sehr deutlich ein Abbild von sich selbst. Am

Horizont ballen sich dicke Cumuluswolken. Es herrscht eine absolute Stille, sie macht aus Angst keine Geräusche. Der ferne Streifen Horizont, wo Himmel und Wasser eins werden, nimmt sie gefangen. Es ist wie eine Glocke, unter der man nicht atmen mag. Ebenso unheimlich ist es, schwimmen zu gehen. Sie fühlt sich seltsam verloren. Solch eine Flaute hat sie vorher noch nie erlebt.

Um 19 Uhr am 19. Tag versinkt die Sonne purpurn. Träge Regentropfen trüben den Spiegel des Wassers. Sie ziehen kleine, runde Kreise. Es sieht lustig aus. Bin dennoch stark deprimiert und denke oft an Tod und Vergänglichkeit. Gehe früh in die Koje. ULTIMA *liegt völlig ruhig. Die Dünung ist schwach, es scheint, als atme das Meer überhaupt nicht. Aber es lebt. Ich fühle Schüttelfrost, der mich überfällt und den ich nicht kontrollieren kann. Viel elender kann es doch gar nicht werden. Mitten in der Nacht bekommt mein Schiff einen heftigen Stoß. Dann ein scheuerndes Reiben an den Schiffswänden. Es kommt immer wieder. Mein erster Gedanke: ein großer Fisch, der irgendein Ungeziefer abzustreifen versucht. Im Schein der Taschenlampe sehe ich plötzlich einen Hai auftauchen. Vier bis fünf Meter lang. Er schwimmt ganz dicht ans Boot, schwimmt wieder fort, kommt wieder und schaut mich frech an. Ich hole den Bootshaken und beginne ihn damit zu stoßen. Stört ihn nicht, im Gegenteil, er kommt immer dichter. Ich sause mit dem Bootshaken von Steuerbord nach Backbord, um ihn noch fester zu treffen. Das Spiel treiben wir eine halbe Stunde, und dabei erwische ich ihn mindestens 15 Mal mit Wucht. Langsam komme ich richtig in Rage, bis er genug hat und Leine zieht. Ich bin dadurch natürlich hellwach und denke vor allem an meine*

Das Wetter war unbeständig. Meist schwacher Wind und dazu überwiegend von vorn. Dennoch schrieb sie: »Mit einem Spinnaker wäre ich besser gerüstet.«

sorglose Schwimmerei. Mit diesem Erlebnis bin ich nun geheilt, auf offener See schwimmen zu gehen.

Der 20. Seetag lässt mich mit starken Rückenschmerzen aufwachen. Habe mich bei meinem »Kampf« mit dem Hai wohl verrenkt. Meine Uhr sagt: seit 100 Stunden Flaute. Totale Flaute. Die Luft an Deck ist wie flüssige Schmierseife, das Meer wie geschmolzenes Blei. Schon immer hasse ich jegliche Geräusche, aber das ist zu wenig! Ich schleiche auf Fußspitzen herum, vermeide jede Art von Bordgeräusch und führe sogar keine Selbstgespräche mehr. Die Stille dröhnt förmlich in meinem Kopf. Trotz allem kämpfe ich mit jedem Windhauch. Muss raus aus dieser Stille. Raus, raus, raus!

In der Nacht zum 29. Juni, am 21. Seetag, hat Ingeborg plötzlich nach Flaute Windstärke sechs. Sozusagen in Sekundenschnelle. Sie stürzt an die Fallen und reißt die Tücher hoch. Das ist immer ihre erste Arbeit. Hoch mit den Segeln, egal, wie der Wind einfällt. Doch um sechs Uhr in der Früh sind es nur noch zwei Beaufort. Eine Stunde später setzt sie die Genua und überlegt, was sie daraus machen kann. Nicht viel. Logisch. Wieder viele große Schiffe, die teilweise ihren Kurs ändern und auf ULTIMA zuhalten. Es ist trostlos. Alles grau in grau, bei Windstärke 0,5 aus Südost mit plötzlichen Windstößen um sieben. Eine kuriose Situation, die äußerst bedrohlich wirkt. Es sieht aus, als wenn jeden Moment der Himmel herabstürzt. Und das Etmal von 30 Meilen kann man auch vergessen. Für ihr Ruder empfindet Ingeborg inzwischen so etwas wie Hass. Sie mag sich nicht mehr ransetzen. Der Wind kommt später östlich und weht mit zwei bis sieben Beaufort, um dann wieder in einer Flaute zu enden. Sage und schreibe 23 Meilen das Etmal am 1. Juli.

Ihre Gefühle schwanken in schneller Folge zwischen tödlicher Gleichgültigkeit und Rebellion. Das Setzen der Genua ist eine Mühsal. Nun baut Ingeborg auch körperlich ab, und das Vorankommen ist zunehmend eine große Last. Sie ist schon 23 Tage unterwegs und nach ihrer Berechnung sind es immer noch 420 Seemeilen bis Horta. Und dann zieht auch noch eine Schlechtwetterfront von Osten auf. Also voll gegenan. Die Genua muss ohnehin endgültig in den Sack, es sind verschiedene Nähte nachzunähen.

Verbittert erinnert sie sich im Logbuch:

In der Nacht ist ULTIMA innerhalb einer halben Stunde mit der Genua fünf Mal durch den Wind gegangen. Raus mit der Fock, das ist ja nicht mehr zum Aushalten. Man kann nicht Stunden um Stunden, Tage und Nächte, Nächte und Tage am Ruder sitzen. Nein, das vermiest mir die ganze Segelei. Mir ist jetzt völlig egal, wann und wie und wo ich ankomme.

Am 3. Juli habe ich endlich mal etwas Wind, und gleich geht das Etmal auf erfreuliche 110 Meilen, leider nicht in die perfekte Richtung, denn der Wind steht fest auf Ost. In der Nacht bricht mit einem Knall ein Block an der Großschot. Ich sichere die Sache und repariere bei Tageslicht.

Auch am 25. Seetag herrscht noch immer Ostwind. Er weht für zwei Stunden mit sieben bis acht Windstärken, um wieder in Flaute zu enden. Aus Ostnordost rollt eine schwere Dünung, die in keinem Verhältnis zum Wind steht. In der vergangenen Nacht konnte Ingeborg kaum schlafen. Mehr als 30 Mal versuchte sie alles, um den Flauten ein wenig Wind abzuringen.

Wo, Götter, ist der Wind? Wenn Gott etwas nicht kann, so ist es das Nichtkönnen. – Habe ich mal gelesen. Ich muss etwas Handwerkliches machen, andernfalls werde ich verrückt. Mit der Drahtbürste entroste ich schlecht galvanisierte Stellen im Rigg und streiche sie mit Mennige. Was könnte ich noch tun? ULTIMA ist für eine Person mit Arbeitswut zu klein. Habe auch nichts Spannendes mehr zu lesen. Die Dünung schaukelt ULTIMA hin und her, und ich bin grässlich nervös durch die Klapperei im Rigg. Mein Hai kommt erneut, diesmal am Tage, und scheuert sich am Rumpf. Wir spielen wieder mit dem Bootshaken, und ich frage mich, ob ihm das Gepiekse gefällt. Es ist unheimlich, wie er mit seiner spitzen Rückenflosse durch das Meer zieht.

Etmal ist mit 32 katastrophal. Doch endlich bekomme ich nach zehn Tagen Flautensegelei und kurzem Niederschlag einen Westwind. Damit verbunden: Hunger. – Zeit zum Kochen hatte ich eigentlich, aber keine Lust. Das ändert sich. Ich lege eine Kassette ein, höre die Beatles und rühre im Kochtopf. Mit Blick auf die beiden Twinvorsegel schütte ich die Suppe in einen tiefen Teller und lasse mich nicht stören. Zum ersten Mal seit Tagen spüre ich, wie mein Körper sich der Ruhe hingibt.

Ingeborg wartet etwas ab, bevor sie die Energie aufbringt, eine vernünftige Arbeit zu beginnen. Und zwar den Motor zu säubern, damit er künftig zuverlässiger arbeitet. Es folgen die Winschen. Sie werden demontiert, gefettet und wieder zusammengesetzt. Als große Aufgabe kommen drei Flicken auf die Genua, und einige Nähte werden nachgenäht. Zum Schluss wird die Bilge ausgewaschen. All dies resultiert in einer hochzufriedenen Skipperin.

Der Wind schwankt zwischen ein und drei Beaufort mit dem Ergebnis von 115 Meilen am nächsten Tag. Nun sind es nur noch 140 Seemeilen zum Ziel. Ich gebe mir Mühe mit der Navigation und mache einige Kontrollberechnungen, damit ich Faial auf den Punkt erwische. Ich glaube nicht, dass ich es morgen schon schaffe. Es werden wohl insgesamt 30 Seetage werden. Die Sicht ist schlecht, der Wind nicht viel besser. Der Vulkan Pico auf der Nebeninsel ist 2300 Meter hoch und nicht auszumachen. Noch nicht. Gut, ich halte direkt drauf zu und denke, den muss man auf alle Fälle rechtzeitig sehen.

Gestern Nacht strich plötzlich etwas über mein Gesicht. Ich fuhr erschreckt aus dem Schlaf auf und wehrte es ab. Es war eine

Noch mal an die Segel und um jede Meile kämpfen.
Es waren die ausgebaumten Twins, die das Schiff selbst steuerten.

Sturmschwalbe. Sie flatterte erschreckt hin und her, schien ein Bein gebrochen zu haben. Ich baue ihr mit Kissen ein Nest, in dem sie für zwei Tage sitzen bleibt. Frisst zwischendurch Brot, aber als ich sie aufs Deck setze, fliegt sie davon. Man wird stark angerührt, plötzlich etwas Lebendiges in Händen zu halten, und hofft, dass dieser kleine Vogel sicher die Küste erreicht. Denke ich bei Lebendiges auch an meinen Ex-Mann, Astrids Vater? Nein, der ist längst vergessen. Damit aber auch Heimat, ein Zuhause und alles drumherum. ULTIMA RATIO ist jetzt meine Heimat. Gut, von Zeit zu Zeit denke ich an meine Kinder. Ob sie wohl eine einsame Insel gefunden haben? Ich habe keine in der Karibik, wie geplant, erobert. Immer waren Boote oder Ausflügler vor mir da. Ganz allein am Strand zu sein, der Traum hat sich nicht erfüllt. Leider. Wild wie der Wind, mit einer menschenleeren Insel vor dem Bug wenigstens für paar Tage, das war mir nicht vergönnt. Und das wollte ich unbedingt mit dieser Reise erreichen. Das wäre Romantik pur und gleichzeitig Freiheit gewesen.

Am 29. Seetag abends hoffe ich die Insel Faial zu erreichen. Ich halte den ganzen Tag Ausschau, aber der Dunst ist undurchdringlich. Es stehen immer noch die beiden Vorsegel. So habe ich Zeit, an Bord Klarschiff zu machen. Ich wasche mich, räume auf, sortiere meine Papiere und lege Kleidung und Fernglas bereit. Land kann kommen. Aber es taucht keins auf. Auch in der Nacht ist kein Leuchtfeuer auszumachen. Erst im Morgengrauen endlich Land zu erahnen. Ich lege Kurs darauf zu. Nur, leicht gesagt bei Nordwind. Ich muss mit wechselnden Winden kreuzen, mal nix, dann wiederum gleich fünf. Beim Kreuzschlag bekomme ich die Segel nicht schnell genug dicht. So wechsele ich am letzten Tag ein dutzend Mal die Vorsegel.

Gegen 16 Uhr liegt Horta zum Greifen vor mir. Knapp drei Meilen und kein Wind. Was tun? Warten oder versuchen, den Motor in Gang zu bringen. Nach einer Stunde Arbeit springt er endlich an, und wir motoren auf den Leuchtturm am Ende der Mole zu. Bald sehe ich ein Pilotboot näher kommen. Zwei Leute, hochoffiziell in Uniform, springen an Bord, nachdem sie gefragt haben. Himmel, was für ein Gefühl, kurze Zeit später die Hafenmole zu umrunden und am Quai festzumachen. Ich habe die Azoren erreicht. 30 Tage für diese Strecke von 2100 Seemeilen. Davon rund 20 Tage mit Flaute. Ich reiße die Arme hoch. Und lache leise.

Es liegen sechs Yachten hier, unter anderem auch Dick mit seiner AURAG. *Er brauchte 24 Tage mit erheblicher Motorunterstützung. Er hatte sich schon gefragt, wo ich wohl geblieben sei.*

Ich kann partout nicht begreifen, dass ich angekommen bin. Alle Müdigkeit ist verflogen, obwohl ich über 50 Stunden nicht geschlafen habe. Nachdem ich am Steg mit allen ein Glas Wodka getrunken habe, schleppt man mich noch ins »Café Sport«, den legendären Treffpunkt der Segler. Das Bier ist eiskalt.

EIN HAUCH VON BEHAGEN

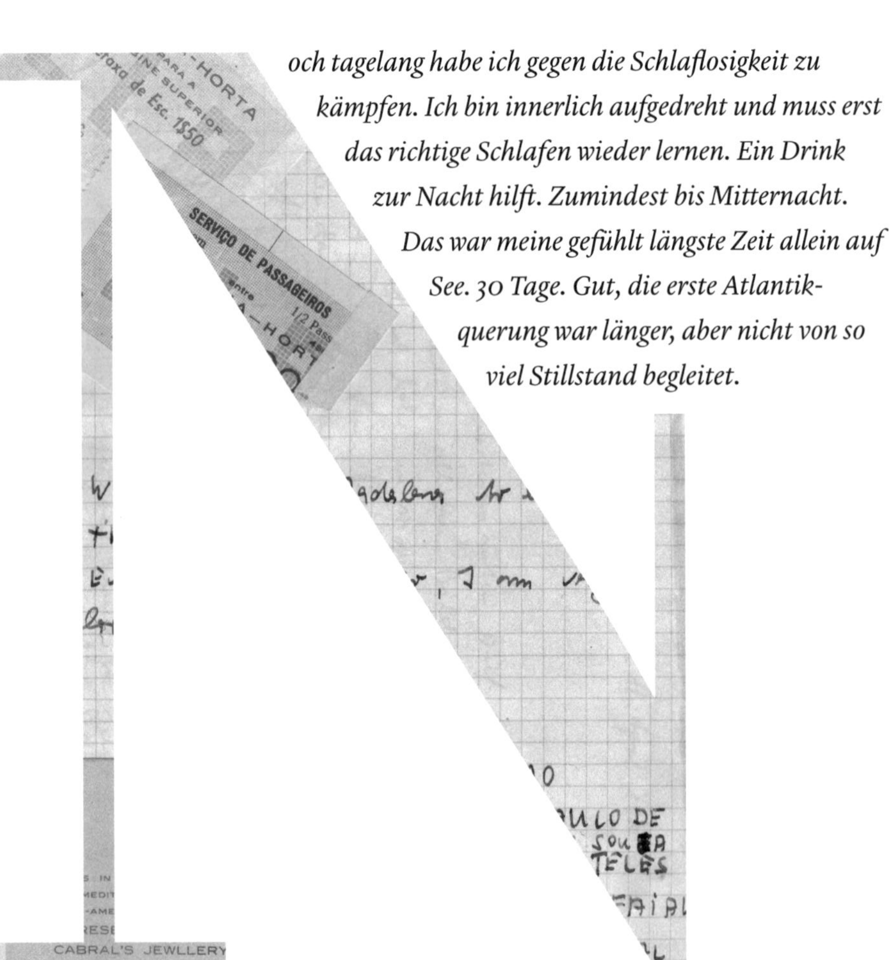

Noch tagelang habe ich gegen die Schlaflosigkeit zu kämpfen. Ich bin innerlich aufgedreht und muss erst das richtige Schlafen wieder lernen. Ein Drink zur Nacht hilft. Zumindest bis Mitternacht. Das war meine gefühlt längste Zeit allein auf See. 30 Tage. Gut, die erste Atlantikquerung war länger, aber nicht von so viel Stillstand begleitet.

13

Tagsüber aale ich mich im Cockpit, und allmählich gönne ich mir kleine Blicke in die Stadt. Mit unauffälligem Make-up, die Haare zurückgekämmt, an den Füßen weiße Sandalen und in luftigem Sommerkleid. In den Läden bin ich überrascht, nicht mal eine Kasse zu sehen. Die Verkäufe werden nur auf einem Quittungsblock notiert. Mehl, Zucker und Reis werden unverpackt verkauft. Kotelettkarrees werden an einer Bandsäge sauber geschnitten. Ein Hauch von Behagen steigt in mir auf. Auf den Azoren könnte man leben. Alles wie früher.

Die Azoren wurden 1427 von Diogo de Silves aufgesucht und für Portugal in Besitz genommen. Der portugiesische Name Ilhas dos Açores (»Habichtsinseln«) entstand nach offizieller Darstellung aufgrund der dort zahlreich lebenden Bussarde, die die portugiesischen Eroberer zunächst fälschlich für Habichte hielten. Der Name blieb auch nach Entdeckung des Irrtums erhalten. Die Azoren sind die fruchtbarsten Inseln im Atlantik, auf denen fast alles gedeiht: Weizen, Kartoffeln, Ananas, Bananen, Kaffee, Tabak und ein geschätzter Wein. Zugleich sind die isolierten Inseln Naturschönheiten, die zu den faszinierendsten der Erde gehören. Doch die Menschen leben in ständiger Bedrohung durch Vulkanausbrüche und Erdbeben.

Ich schau mich erst mal um. In Peters Café Sport bin ich zu einem Glas Bier eingeladen. Die Vorzüge eines Blisters oder Spinnakers sind dort gerade die Themen. Wohl wahr, sie hätten mir auf der Strecke zu den Azoren geholfen. Schwamm drüber. Ein Leuchtturm, der hier zum Verkauf steht, geht mir dagegen nicht aus dem Sinn. – Speziell zur Nacht hin: Er ist ohne Anzahlung zu haben. Nur ein wenig umbauen und einziehen. Ist da auch zu beackerndes Land dabei? Soll ich in meinem Alter noch mal mit kompletten Veränderungen anfangen?

Vor vielen Jahrtausenden entstanden die Azoren durch Vulkanausbrüche. Die Küsten fallen steil zu großer Wassertiefe ab. Folge: Es gibt wenige geschützte Buchten, Häfen oder Ankerplätze. Die höchste Erhebung ist der Pico mit 2350 Metern auf der gleichnamigen Insel. Die höchsten Gipfel der sieben Inseln sind meist von Wolken umhüllt. Nur morgens sehr früh und spät am Nachmittag sieht man hin und wieder, für eine halbe Stunde den spitz zulaufenden Gipfel des Pico. Im Winter ist dieser oft mit Schnee bedeckt. Außerdem gibt es heiße Quellen, Seebeben und unterseeische Vulkanausbrüche, wovon der 1957 erfolgte Ausbruch nahe der Insel Faial noch heute ein Zeugnis liefert. Der Ausbruch begann zirka einen Kilometer vom Land entfernt. Die Felsenmassen wurden aus dem Meer emporgeschleudert, um dann wieder in der Tiefe zu versinken. Erneut quollen sie hervor und verbanden sich schließlich mit dem Land. So wuchs die Insel um

2,4 Quadratkilometer. Ein hoher Leuchtturm am westlichen Ende der Insel steht heute viel weiter im Landesinnern und ist zwangsläufig außer Dienst gestellt worden. Später wurde er von der bis zur Turmspitze reichenden Asche freigelegt. Die Landschaft ringsum ist urweltlich und liegt dämonisch über der Asche. In einem kleinen Museum kann man auf Hunderten Bildern die fast zwei Jahre andauernde »Inselvergrößerung« verfolgen. Sehenswert. Dieses Gebiet zu besuchen, ist für Ingeborg *das* Erlebnis der Azoren.

Die Azoren haben oft stürmische Winde, und im Sommer ist das Klima mild und feucht. Regengüsse, die nicht lange anhalten, gibt es häufig. Ingeborg bewundert fast täglich ihr

Wenn mal an Land ausreichend Wasser vorhanden war, ging es gleich an Ingeborgs Lieblingsbeschäftigung – große Wäsche.

Auftreten um die gleiche Zeit. Es gibt ausreichend Wasser, das die Inseln landwirtschaftlich sehr ertragreich macht. In den höher gelegenen Gebieten wird viel Viehwirtschaft betrieben. Im Hafen von Faial beobachtet sie, wie die Tiere, offen stehend, in Schiffe für die lange Strecke nach Lissabon hineingepfercht werden. Die Bauern kommen am Verlademorgen mit den brüllenden Tieren an Stricken zum Hafen. Ingeborg findet daran keinen Gefallen, aber auch sie kauft die zarten, großen Steaks.

Ansonsten ist auch die Pflanzenwelt inselweit sehr üppig. Die Straßen und Felder sind zum größten Teil mit kilometerlangen blauen Hortensienhecken eingefasst. In der Blütezeit Juni/Juli ein unvorstellbares Bild. Darum wird Faial auch oft die blaue Insel genannt. Die Bevölkerung ist außerordentlich liebenswürdig, unterhaltsam und hilfsbereit. Das lässt Ingeborg immer wieder auf den Wohnleuchtturm kommen. Man müsste natürlich einiges umbauen.

ULTIMA RATIO ist die 37. Yacht (1970). Und als ich abfahre, sind keine mehr zu erwarten. Das 30. Boot wird jährlich für die Crew mit einer kostenlosen Rundfahrt über die gesamte Insel und mit einem köstlichen Essen zum Abschluss im besten Restaurant prämiert. Ich bin es leider nicht.

Horta mit seinen 8000 Einwohnern ist eine saubere, gemütliche, kleine Stadt mit üppigem Grün. Irgendwie verschlafen und unberührt. In diesem gemäßigten Klima ist es gut auszuhalten. Die Lebensmittel sind von guter Qualität, und es gibt praktisch keinen Tourismus, aber man plant Hotels zu bauen, um Besucher anzulocken. Im Vordergrund soll die Walbeobachtung stehen.

Ganz im Gegensatz zum derzeitigen Abschlachten der Wale. In einer Entfernung zwischen 30 und 60 Seemeilen vor der Insel werden sie harpuniert. Mein Besuch der Walfangfabrik ist eine traurige und unappetitliche Sache. Draußen vor dem Gebäude in der Bucht liegen zwei tote Wale an Bojen und warten auf die Verarbeitung. Das Wasser rundum rot von Blut. Grausig. Wenn nicht wirklich drastische Maßnahmen ergriffen werden, sind diese gewaltigen Tiere zum Aussterben verdammt.

Drei Monate im Jahr haben einige große Thunfischfabriken reichlich zu tun. Wenn die relativ kleinen Boote zurück vom Fang kommen, sehe ich oft die Fische in langen Reihen am Quai liegen. Sie werden von Frauen verarbeitet, sortiert und in Dosen verpackt. Aus dieser Fabrik bekomme ich das Eis für meinen »Igloo«.

Post von Astrid. Leider nicht oft. Eigentlich zu wenig. Sie sind über die Marquesas in Tahiti gelandet. Wasser, Luft, Schiff – alles in Butter. Ich zitiere: »Das Segelleben macht mir Spaß, besonders in Polynesien. Wir müssen uns schon verstecken, um nicht immer wieder zum Essen eingeladen zu werden. Oft gehen wir in Papeete tanzen. Dort im Lokal gibt es nur eine Toilette für Männer und Frauen. Ganz schön seltsam. Und zwei einsame Inseln haben wir auch schon im Kielwasser – die Kokosinsel und die Galapagosinsel Santa Fe.«

Der Hafen von Horta ist groß und sauber. Es gibt ein geräumiges, properes Badehaus, wo man als Segler kostenfrei duschen oder baden kann. Man bekommt ein blitzsauberes Badetuch und Seife. Für mich ein unvorstellbarer Genuss nach all der Wasserknappheit auf See und auch zeitweise in der Karibik. Ich sause täglich auf meinem Minimo Kleinmotorrad dahin und fühle mich kein bisschen schuldig, so viel Wasser zu verbrauchen.

Many thanks for all the friendship and hospitality.
I have been very happy in Horta and shall come back next year.

So long, my friends

YACHT »ULTIMA RATIO«

EMMERICHER YACHTCLUB
DEUTSCHLAND
YACHTCLUB LES EMBIEZ
FRANKREICH

INGEBORG V. HEISTER

VIALE ASTRONOMIA 13
ROMA EUR
ITALIA

VIA AURELIA 449
SANTA MARINELLA
PROVINCIA DI ROMA

Neben den wunderbaren Malereien an der Kaimauer von Horta existiert noch das Gästebuch des Café Sport mit Ingeborgs Eintrag.

Um auf einem der Walfangboote mit hinauszufahren, braucht man neben der Genehmigung des Eigners auch eine offizielle Erlaubnis. Vermutlich weil es nicht ganz ungefährlich ist, und man es auf eigenes Risiko tut. Ich habe beides und muss dann auf einen kurzfristigen Start warten. Sobald Wale gesichtet werden, soll es losgehen. Das geschieht in der mir verbleibenden Zeit nicht. Vielleicht ein Glück, dass ich dieses Töten nicht erleben muss. Ich weiß nicht, was mich bewogen hat, auf Walfang gehen zu wollen. Ich bleibe bei meinem »Moby Dick«-Buch von Herman Melville, das in meinem Bordregal steht.

Alle Segler, die ich spreche, bleiben länger als geplant. Viele wollen wiederkommen und sich eine alte Windmühle oder ein Häuschen kaufen. Wollen ist das eine, ich habe mich durch meinen außergewöhnlich langen Aufenthalt schon entschieden und einen Anwalt auf Terceira beauftragt, mit dem Besitzer des Leuchtturmes die Formalitäten abzuwickeln.

Als ich endlich die Leinen loswerfe, tue ich das mit schwerem Herzen. Die Erinnerungen an die Abende bei Gin-Tonic in Peters Café Sport bleiben unvergessen. Als Dank an die Azoren hinterlassen viele Segler an den Hafenmauern unglaublich künstlerische Gemälde. Ich nur einen Eintrag im Gästebuch. Um die anderen Azoreninseln zu besuchen, bleibt mir in diesem Jahr keine Zeit. Eine einsame, unbewohnte ist ohnehin nicht dabei. Aber ich bin sicher, dass ich im nächsten Jahr zurückkommen werde.

NELSONS BLUT

Märchenhaft ist der Tag, als ich zwischen Pico und San Jorge durchsegle und später Terceira passiere. Hier befindet sich eine amerikanische Militärstation. Bald komme ich in »freies Wasser«. Die Azoren liegen hinter mir. Ich hole tief Luft und stelle mich an den Kartentisch. Ich notiere: DER ATLANTIK HAT MICH WIEDER. Ist Quatsch. Ich habe meinen Ozean überhaupt nicht verlassen.

14

Mein Ziel ist jetzt Gibraltar. 1300 Meilen entfernt, ich rechne vorwiegend mit nordwestlichen oder gar westlichen Winden. Es lässt sich gut an. Sogar die sehr sorgfältig in Horta geflickte Genua flößt mir Vertrauen ein. Die anfängliche Traurigkeit verfliegt mit dem ersten Spritzer. Mit dem Bug aufs Wasser hauen, Gischt fühlen, Spaß haben. Mein Kopf ist voller Pläne und neuer Ideen. Dummerweise habe ich mir bei der Abfahrt zwei Fingerkuppen an der Ventilation der Maschine verletzt. Die Nägel hingen nur noch schwach am Finger. Da es mir schlecht ging, spritzte ich mir vorsorglich eine Dosis Penicillin.

Beide Fockbäume knallen hin und her, Grund sind wohl starke Stromkabbelungen. Als ich mit dem Dunkelwerden die unbeleuchtete Felsengruppe Fradinhos vor Ilha Terceira passiert habe, bin ich urplötzlich ruhig. Total ruhig. Die Schmetterlingssegel sind gesetzt, und ich kann mich sogar ganz entspannt in die Koje legen. Nach einer Viertelstunde muss ich wieder an Deck. Mein Augenmerk richtet sich auf das genaue Absuchen des Wassers. Da ist aber nichts. Also lege ich mich wieder hin. Diesmal auf den Boden, um wirklich wach zu werden. Ich will nix riskieren. Jetzt so kurz vorm Ziel absolut nicht. Das wäre blöd, und die Schuld läge immer bei mir.

Schon am 3. Seetag liegen nur noch gut 900 Meilen vor Ingeborg. Die Twinsegel sind nun nicht mehr ganz das Richtige, aber sie will partout nicht unnötig am Ruder sitzen. Zur Nacht hin brist der Wind auf sechs Beaufort auf. Bei acht birgt sie die Twinsegel und setzt Fock und Groß. Mit den lädierten Fingerkuppen dauert das mehr als eine halbe Stunde.

Um zwei Uhr bläst es mit acht und neun. Ich berge das gereffte Groß. Bei Tageslicht nur noch fünf bis sechs. Die Seen dagegen laufen hoch. Da ich mich seekrank fühle, lasse ich nur die Fock stehen. Das kostet zwar Zeit, aber so kann ich mich wenigstens ins Cockpit legen und erholen. Am fünften, sechsten und siebten

Zwischen den Azoren und Gibraltar erwischte die Skipperin zum Abschluss ein heftiger Sturm – der schwerste der gesamten Reise.

Seetag stehen wieder Groß und Besan, und ich habe nach der letzten Mittagsbreite zusätzlich das erfreuliche Ergebnis: 700 Meilen bis Gibraltar. ULTIMA *steuert sich mit nur gelegentlichen Korrekturen selbst. Der Wind flacht weiter ab auf noch zwei bis drei aus Nord. Bisher alles gut gelaufen. Sie ist schön, meine Welt des Alleinsegelns auf See.*

Am achten Tag ist der Zauber zu Ende. Ich gehe einem 58 Stunden dauernden Sturm entgegen mit sechs Windstärken, der später neun und mehr hat. Ich habe aufgegeben, die Stärke zu messen. Während es weht, sehe ich einige Frachter. Der Hochseefischer YSYO dreht ab, kommt auf mich zu, und die Crew ruft mit Hilfe ihres Megaphons herüber, ob ich etwas brauche. Aus Freundlichkeit sollte ich um eine Flasche Bier fragen. Das würde ihnen bestimmt Spaß machen. Nur mir macht es langsam keinen Spaß mehr. Das Wetter ist zu ernst. Von der Brücke wird eifrig fotografiert.

Meine Seekrankheit ist verflogen. Seekrankheit ist ein unheldischer Kampf. Ich habe selten damit zu tun, deshalb hasse ich ihn. Genaugenommen ist es auch keine Krankheit, sondern bei mir ein vorrübergehender Zustand bei besonders viel Seegang.

ULTIMA kämpft sich durch fünf und sechs Meter hohe Seen. 60 Stunden sind wahrlich lang. Dazu blauer Himmel, nur die Nächte sind sehr dunkel, und die Wellen erscheinen höher. Irgendwann muss es ja aufhören, tröstet sich Ingeborg. Das Auf und Ab wiederholt sich in einer Minute zweimal, und jedes Mal kracht und zittert der Trimaran wie bei einem kleinen Weltuntergang. Gewaltige Wassermassen stürzen donnernd an Deck.

Am elften Seetag seit Horta ist das schlechte Wetter vorüber. Sie steckt zaghaft den Kopf aus der Luke. Es ist nicht so, dass es plötzlich an Wind fehlt, er macht nur zum Ende hin längere Pausen. Ingeborg wartet noch eine Stunde mit dem Setzen von Tuch und nutzt die Zeit für eine Kontrolle an und unter Deck: Die Fenster sind dicht geblieben. Die Bilge trocken. Die Masten stehen. Also alles in Ordnung an Bord und recht gut vorangekommen trotz fehlender Segel. Nach einem erneuten Rundumblick werden Segel gesetzt. Noch 180 Meilen bis Gibraltar.

Ich habe mein bisher schlimmstes Wetter vor Topp und Takel gut abgewettert. Ich nähere mich dem Ende meiner Fahrt, und schon beginnt etwas in mir zu nagen. Kaum 180 Meilen, nur, 1800 wären mir lieber. Es wird das Ende einer Zeit sein, die für mich viel bedeutet hat. Irgendwie will ich nicht zurück. Ich bin durch so unendliche Höhen gegangen, die natürlich von Tälern begleitet sein mussten, dass ich darauf nicht mehr verzichten will.

In der Nacht sehe ich mehr als 15 Fischerboote. Zeitweise nahebei. Zu nah – heißt Ruder gehen. Der Wind hat auf glatt Ost gedreht, um sich später komplett zu verabschieden. Die Fischerboote bleiben ein Übel. Ich muss ausweichen und bin zum Teil wegen der Twins manövrierunfähig. Was nutzt da das klassische Wissenspensum für den Segelschein? – Einem Einhandsegler überhaupt nichts. Ich schüttele mit dem Kopf und denke an Wilfried. Allein um die Welt ohne Schein. Und keine Havarie oder ähnliche Probleme. Er sagte vor der Fahrt zu mir: »Bewegung ist wichtig, das richtige Geschick, und sich handwerklich zu helfen wissen ist nützlich.«

Griffbereit habe ich meinen Handscheinwerfer. Wie immer leistet auch meine gute, große Sturmlaterne im Rigg ihren Dienst. Kein Kutter rammt mich. Am nächsten Tag weiterhin zahlreiche Fischer und das italienische Passagierschiff MICHELANGELO, *das ganz dicht meinen Kurs kreuzt. Ich beneide die vielen Menschen an der Reling, die mir zuwinken, nicht. Sie haben zwar Luxus en masse, aber sie haben nicht das, was ich habe: die absolute Freiheit! Vermutlich wissen sie das nicht. Allerdings ist meine Freiheit momentan mühsam. Alle Schiffe streben auf die Straße von Gibraltar zu – wie* ULTIMA *auch. Aber nur kurz … dann ist wieder Flaute.*

Ingeborg bringt es nur noch zu wenigen Zeilen im Logbuch. Sie hasst das Schreiben fast noch mehr als am Ruder zu sitzen und zu steuern. Von morgens bis mittags zählt sie 27 Fischer und Frachter. Offenbar liegt sie mitten in der Schifffahrtsroute. Das könnte für die Nacht riskant werden. Weil es schon am Morgen sehr dunstig war, ist ihr größter Wunsch, zumindest ohne Nebel durch die Straße von Gibraltar zu kommen. Die hat sie in ganz schlechter Erinnerung bei der Durchfahrt mit Astrid, wo sie sich drei Tage hindurchquälten. Auch im August könnte es dort durchaus Nebel geben, denn die großen Temperaturunterschiede vom Mittelmeer zum Atlantik stoßen aufeinander. Das haben sie 1966 zu spüren bekommen.

Am 13. Seetag geht der Wind morgens los. Und gleich mit Karacho mit sieben und acht. Aber dieses Mal ein reiner Ost. In der Nacht steigert er sich auf elf und zwölf in Böen, und es ist schwarz wie die Hölle. Nun habe ich wirklich mit ULTIMA *»meine Windspitze«*

erreicht. Die Sichtweite beträgt kaum eine Meile, und die See wird immer wilder. Außerdem laufen die Wellen kreuz und quer durcheinander und klatschen beängstigend unter und über meine Rümpfe. Ich bleibe schlaflos und sehr unruhig. Ich kann einfach die auseinandergebrochenen Trimarane nicht aus meinem Kopf kriegen.

Um etwas zu tun, krieche ich auf den Knien, an der Lifeline ständig eingepickt, an Deck herum und kontrolliere. Die Wantenspanner ganz besonders. Das Dingi aufgeblasen und festgelascht vorne an Deck zu fahren, ist eigentlich Leichtsinn bei diesem Wetter. Ich weiß. Dennoch: das Gummiboot ist meine Rettungsinsel. In beiden Rümpfen ist alles in Ordnung. Kein Wasser, keine Feuchtigkeit. Die vier großen Ventilationshutzen auf den Rümpfen sind natürlich auf See abgeschraubt.

Ich treibe wieder vor Topp und Takel. Bei reinem Ostwind nach Westen auf den Atlantik hinaus. Ohne einen Fetzen Segel mache ich zwei bis drei Knoten. Passieren kann mir nichts. Es ist genug Wasser und Verpflegung an Bord. Ich habe einen großen Vorrat an Nudeln und Reis. Kochen kann ich mit Seewasser. Tue ich ja auf dem Atlantik ohnehin. Im Mittelmeer dagegen habe ich in der Regel 25 Prozent Süßwasser beigefügt, wegen des höheren Salzgehaltes. Und Waschen, Körperwäsche, Geschirr spülen und Zähne putzen erledige ich ausschließlich mit Meerwasser.

ULTIMA liegt ganz wunderbar mit festgezurrtem Ruder in der See. »Der Tri liegt wie ein fliegender Vogel auf dem Wasser und passt sich den Bewegungen der See an.« So steht es im Verkaufsprospekt der Werft. Stimmt! Es ist nur sehr sehr dunkel. An Schlaf nicht zu denken. Ich sitze angespannt auf der Cockpitbank mit Signalpistole bereit, falls plötzlich aus der tiefen Dunkelheit die

Positionslichter eines Frachters auftauchen, der mich nicht sieht vor lauter Gischt. Das Geheule des Windes und die brechenden Seen machen mich ganz taub. Ein wahres Geräuschinferno so kurz vorm Ziel. Das Getöse kann einen wirklich verrückt machen.

Diese zwei Nächte werde ich ebenfalls nicht vergessen. Sie bringen mich ans Ende meiner Reserven und lassen mich das Unabänderliche akzeptieren – aber so schnell gibt man glücklicherweise nicht auf. Ich jedenfalls nicht. In der dritten Sturmnacht klappe ich zusammen. Auf der Cockpitbank vergewaltigt mich der Schlaf, wie lang, kann ich nicht sagen.

Luft 24 Grad, 88 Prozent Luftfeuchtigkeit, Barograph schwankt. Ich bin zu beschäftigt mit meinen Sorgen und der Navigation, als

Trotz aller Widrigkeiten mit dem Wetter schafften es Ingeborg und ULTIMA nach mehr als 9000 Meilen zurück nach Gibraltar.

dass ich mir noch mehr Gedanken machen kann. Außerdem bin ich froh, dass ich erst heute im Laufe des Tages die Sturmfock gesetzt habe, denn beigedreht verhält sich ULTIMA *sehr gut. Sie liegt leicht quer zu den Seen. Nur die dicht am Schiff brechenden Seen ergeben einen schweren Schlag und überschütten sie mit Wasser. Erstmals auf dieser Tour muss ich mit einer Pütz Wasser aus der Plicht schöpfen. Sie ist nicht selbstlenzend. Eigentlich müsste sie leer gepumpt werden. Ich habe sogar eine Pumpe an Bord, aber nicht montiert.*

Beide Gummifender an den vorderen Rümpfen wurden abgerissen, aber ansonsten alles in bester Ordnung. Einen Treibanker habe ich nicht draußen. ULTIMA *liegt so gut ohne ihn, dass ich das Experiment gar nicht erst versuche. Und auch meine präparierten Kochölbeutel für ein wenig Glättung des Seegangs benutzte ich nicht.*

Nun, man wird mir nicht glauben, dass ich am 15. Tag schon wieder eine totale Flaute habe. Die Sicht ist schwach. Erst zur Nacht ändert es sich. Ich sehe das Leuchtfeuer von Chipiona, 30 Meilen entfernt. Noch in der Nacht liege ich bekalmt in der Bucht von Cadiz. Gelegenheit, die Segel zu bergen und zu versuchen zu schlafen. Viel wird es nicht, aber dafür viel Bewegung auf dem Wasser: Fischer zuhauf umzingeln mich. Erst am nächsten Tag kann ich Cadiz mit leichter Brise passieren. Ich halte auf Cap Trafalgar zu. Als England-Liebhaberin muss ich Folgendes festhalten:

Hier vernichtete Lord Nelson am 21. Oktober 1805 die spanisch/französische Flotte unter Admiral Villeneuve. Nelson wurde in dieser großen Schlacht tödlich verwundet. Sein Sieg bedeutete für das Commonwealth die Seeherrschaft über Napoleon. Um Lord

Nelson, schon vorher für seine Seeleute ein Held, in England würdig beerdigen zu können, wurde sein Leichnam in Rum konserviert. Erst dann ging die angeschlagene britische Flotte nach Gibraltar. Rum war auf den britischen Kriegsschiffen bekannt und beliebt, denn jeder Seemann bekam täglich eine Ration. Es war eine drastische Strafe, wenn diese kleine Ration für ein geringes Vergehen gestrichen wurde. Eine erfolgreiche Maßnahme, denn die Seeleute freuten sich täglich auf ihren Rum. Seit Trafalgar nennen die englischen Seeleute Rum oftmals »Nelsons Blut«. Es ist schön, an so etwas nach dem schweren Sturm zu denken.

Cap Trafalgar ist eine vorspringende Landzunge mit einem hohen weißen Leuchtturm. Nichts erzählt von der Schlacht um Leben und Tod und die Herrschaft über die Welt. Heute freut sich allerdings jeder Segler, wenn er das Leuchtfeuer hinter sich verschwinden oder eben auftauchen sieht, wie ich jetzt. Das dritte Mal passiere ich dieses berühmte Kap, aber zum ersten Mal rührt mich die gewaltige Geschichte der Vergangenheit so stark, dass ich mir einen Rum gönne, obwohl ich nichts im Magen habe. Bekommt mir gar nicht. – Von jeher war Horatio Nelson neben Cäsar mein Idol.

Am Tag vorher sah Ingeborg rund 25 Kriegsschiffe. Englische, französische und amerikanische. Darunter auch zwei Flugzeugträger. Sie weiß nichts von eventuellen politischen Entwicklungen der letzten Wochen, denn Radionachrichten hört sie einmal im Monat. Bei der spontanen Suche nach einem britischen Sender gibt es auch keine Hinweise auf Manöver oder gar Krieg. Also kein Grund zur Besorgnis. Wichtiger ist ihr ein Wetterbericht, denn dichter Nebel zieht auf.

Die Nacht bricht herein, als ich bei Nebel in die Straße von Gibraltar einlaufe. Seit 60 Stunden habe ich kaum ein Auge zugemacht. Meine Lippen brennen. Der Körper juckt. Würde am liebsten alle Kleidung wegschmeißen. Ich leide unter einer grausamen Müdigkeit. Essen kann ich während der letzten Tage nicht richtig. So stopfe ich mir irgendwas in den Mund. Die restlichen 40 Meilen durch die Straße muss ich noch durchstehen. Muss ich? Ich will nur heil bleiben und ankommen. Kopf hoch. Wilfried erzählte mir, dass er sich bei Übermüdung ins Cockpit setzt und einen großen Hammer in den Händen hält. Wenn er einschläft, rutscht der ihm aus den Händen und poltert zu Boden. Resultat: Man ist wach. Leider habe ich keinen schweren Hammer.

Schwachwindig geht es durch die Nacht. Ich passiere Tarifa. Es brist auf. Bis sieben innerhalb von Minuten. Diesmal aus West und sehr ungemütlich. Dem Wind und der kabbeligen See ist die ausgebaumte Genua nicht gewachsen, mit einem Knall bricht der Spinnakerbaum. Also runter mit allem Tuch, was mir nicht leichtfällt. Dann mache ich mich an die Maschine, wie üblich will sie partout nicht anspringen. Für die letzten Meilen muss ich also die Fock setzen. Am Ruder sitzen ist plötzlich keine Plage mehr. Ich bin mit Ankommen beschäftigt und sehe mich um: Da ist der Felsen, da sind Schiffe vor Anker, und da ist die Einfahrt zur Marina gleich südlich des Flughafens. Ich komme an und werfe mitten im Vorhafen den Anker. Geschafft. Horta–Gibraltar: 1357 Seemeilen, 15 Tage. Bin zurück an dem Ort, den ich vor rund einem Jahr verlassen habe zusammen mit Astrid und Wilfried auf KATHENA 2. *Wo sie wohl sein mögen? Vielleicht auf Samoa. Jedenfalls in der Südsee. – Jetzt schlafen. Oder vielleicht doch etwas essen? Ein Nelson Rum wird mir gut tun. So ist es!*

Ingeborgs letzter Logbucheintrag vom 22. September 1970, zwei Tage nach Ankunft:

Wehmut überfällt mich, und mit brennenden Augen sehe ich die Yachten um mich herum liegen, die den Absprung Richtung Karibik planen. Ich bin exorbitant müde, mehr aber noch deprimiert und nicht ein bisschen glücklich, dass ich die Atlantik-Rundreise geschafft habe. Tagelang kämpfe ich gegen die Traurigkeit, ich wollte nicht hierher zurück und kenne außerdem niemanden. Absolut niemanden. Ich habe mich verändert. Mein Blut ist mit Salzwasser vermischt.

Darunter kaum lesbar:

Gibraltar–Las Palmas: 770 sm
Las Palmas–Barbados: 2700 sm
In den karibischen Inseln: 650 sm
Virgin Islands–Bermuda: 840 sm
Bermuda–Faial: 2000 sm
Faial–Gibraltar: 1300 sm
Insgesamt rund 9160 Seemeilen

INGEBORGS RESÜMEE

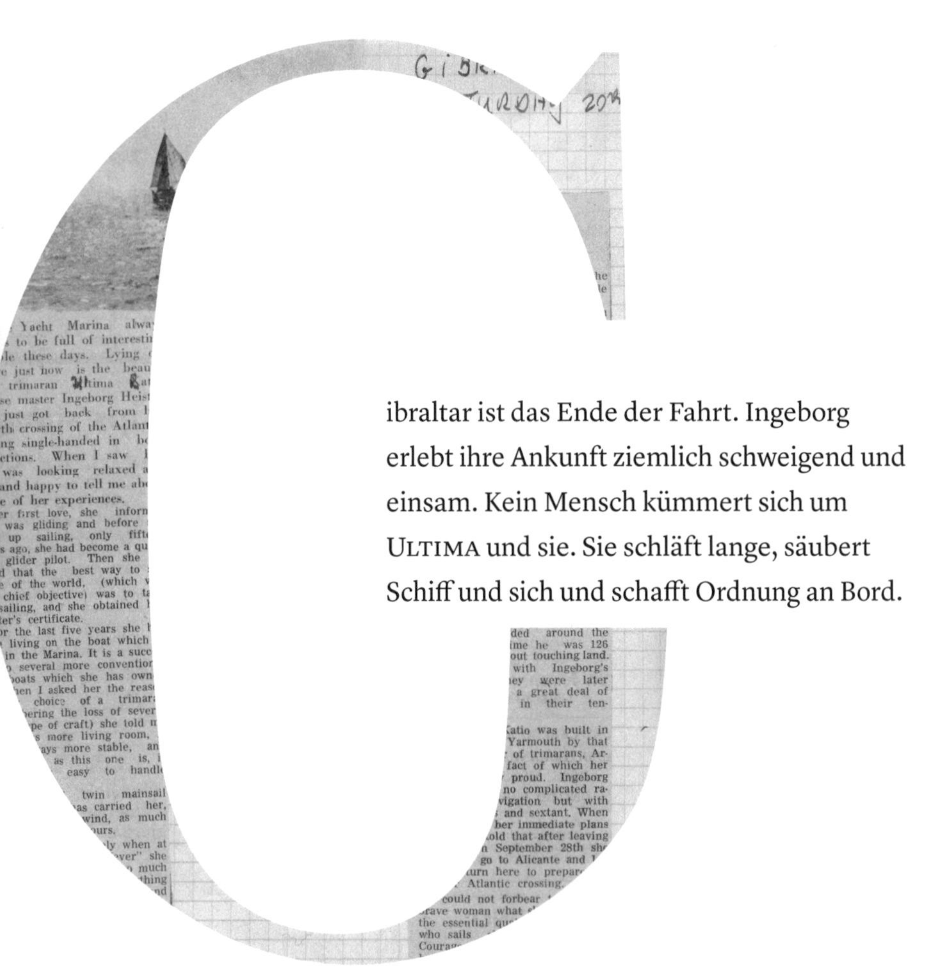

ibraltar ist das Ende der Fahrt. Ingeborg erlebt ihre Ankunft ziemlich schweigend und einsam. Kein Mensch kümmert sich um ULTIMA und sie. Sie schläft lange, säubert Schiff und sich und schafft Ordnung an Bord.

15

Stundenlang steht sie an der Reling, schaut schweigend in die Nacht oder schleicht über Deck. Das Meer war ihr Lebensinhalt für eine lange Zeit. Das Rauschen, die Stille, aber auch das Gischten und Knallen. Die Lust zum Abenteuer hat sie zum Meer geführt, dabei ihr altes Leben über Bord geworfen. Sie träumte von einsamen Inseln mit Sandstrand, um dem Alltag zu entfliehen.

Und jetzt? Was nun?

Ein Leben weit weg vom Meer ist für sie nicht vorstellbar. Zum Beispiel ist Wandern in der Natur überhaupt nicht ihr Ding. Als Segler kämpft man mit dem Wind, mit den Wellen und allem. Alles hängt von dir/ihr ab. Aus Briefen und letzten Notizen entnehme ich Unzufriedenheit, ja, eine schlechte Stimmung an Bord. Einerseits ist sie total glückselig, dass ihr der Törn gelungen ist, andererseits auch traurig, dass er zu Ende ist.

Ihr Resümee:

Nach Wochen habe ich meine Logtagebücher durchgeschaut und bin dem Erlebnis wieder sehr nahe. Es fällt auf, dass ich oft in einer furchtbaren Stimmung war, echte Angst hatte, die sich in Gleichgültigkeit ausdrückte. Ich wollte das Geschehen nicht wahrhaben. Tatsächlich hatte ich Angst vor der Angst, und man wird die Gedanken nicht los. Es macht einen fertig. Hinzu kam von Zeit zu Zeit die Seekrankheit und der Mangel an Beschäftigung. Auch wenn ich Ruder gehen musste, war das nicht anders. Das lief mechanisch ab. Insgesamt dachte ich zu viel nach, auch während der glücklichsten Wochen blieb mein Kopf voller grübelnder Gedanken.

Ich war am Ruderrad oft gefesselt. Wenn meine Augen über Deck schweiften und ich sah, dass hier und da etwas zu tun war, wurde ich ganz hibbelig. Ich wollte es sofort erledigen, sozusagen etwas Sichtbares leisten. Das hätte mir Aufschwung gegeben. So wie ich es aus meinem Berufsleben kannte – 20 Jahre, 10 Stunden täglich. Und abends wurde gekocht, gebügelt usw. Es fällt auf, dass meine Logbucheintragungen nicht lügen.

Einsamkeit

Die Tage waren lang, die Nächte länger. Da setzten sich Einsamkeit und die Folgen durch. Einiges wurde hin und wieder unerträglich. Ich sehnte mich nach Stimmen, Gegenwart, Berührung eines Menschen und seiner Hilfe. Dunkelheit machte es nicht besser. Wenn ich die Segel abends streichen musste, sie einfach an Deck liegen ließ und vor Topp und Takel trieb, um Schlaf zu finden, fühlte ich eine große Erleichterung, vom Ruder weg zu sein. Ich war ziemlich oft hundemüde und fühlte meine Kräfte langsam schwinden. Sogar Schlafen während der kurzen Minuten

Akzeptanz entwickeln. Zweifel wegwischen. So erlebte Ingeborg die Hafentage in Gibraltar. Man sah ihr die Veränderung zum Positiven an.

war eine körperliche Strapaze und bedurfte einer großen Anstrengung und Willenskraft. Niemals habe ich mich rumgedreht und gedacht »to hell«. Bin immer aufgestanden und habe nach der Kontrolle an Deck auch sorgfältig mit dem Fernglas den Horizont abgesucht. In der Zeit, in der ich schlafen konnte, träumte ich oft genug die schlimmsten Dinge. Immer hatte es mit meinem Schiff und dem unendlichen Wasser zu tun. Felsen und treibende Wracks wechselten einander ab und Geister, die mich bedrohten. Speziell, wenn ich auf See länger schwimmen war.

Zu lesen ist aber auch, dass mir nie der Gedanke kam, dass ich es nicht schaffen könnte. Nie war das Nichtankommen ein Thema. Jedoch hatte ich oft Angst um ULTIMA. *Mir gingen alle schaurigen Geschichten über Trimaran-Havarien durch den Kopf. Die Feststellung, sie seien nicht seetüchtig, blieb im Gedächtnis. Auch den Versicherungen war das Risiko zu groß. Also blieben wir unversichert. Ein Partner hätte bei all diesen Widrigkeiten geholfen und die Einsamkeitsgedanken vertrieben.*

ULTIMA RATIO

Trotz allem vertraute ich meinem Tri, gemeinsam haben wir doch ziemlich schweres Wetter abgeritten. Ich wusste, was ich zu tun hatte, wusste, wie das Schiff am sichersten segelte und beigedreht lag. ULTIMA *war nicht übertakelt. Das war sehr hilfreich. Beim Reffen wartete ich niemals bis zur letzten Sekunde. Die Sorgen um das Schiff waren ständig präsent. Immer habe ich versucht, meine Erfahrung sofort für die Praxis zu verwerten. Wenn etwas brach, wurde es sobald wie möglich repariert. Dadurch wurde ich, sicherlich ganz unbewusst, vorsichtiger, als es nötig war – oft übervorsichtig.*

Es gab auch noch Gefahren, die mich selbst bedrohten, mich inaktiv machten. So habe ich mir angewöhnt, bei allem erst mal nachzudenken, nicht impulsiv und überhastet zu handeln. Ein paar Minuten bewusst reflektieren konnte das Resultat verändern, manchmal sogar total verbessern.

Ich, Ingeborg (46)

Haus, Garten und Hühner oder auf See gehen? Was sollte ich tun? Das war zu Anfang eine schwierige Frage und hängt wohl ganz von jedem selbst ab. Ich breche natürlich eine Lanze für die See, doch mein Problem war, das ich beides wollte, und das ist auch heute noch so.

Schon lange, bevor ich zum Segeln kam, hatte ich in Gedanken und auf Papier alte Farmhäuser umgebaut und Lektüre über Schweinezucht, Hühnerwirtschaft, Obst- und Gemüseanbau und alles drumherum studiert. Die Räucherkammer in meinen Vorstellungen war voll mit Schinken und Würsten, aber das Pendel ging letztlich doch zur See. Ich trauere heute den verpassten Möglichkeiten auf dem Land manchmal nach, aber die Entscheidung war gefallen.

Bin als Frau dann allein auf See gegangen. Heute weiß ich: Für mich als Individuum war es nicht anders möglich. Es gab eine Zeit, als ich vage erwog, vielleicht doch einen Partner, vielleicht auch eine Frau als Kamerad mitzunehmen, doch die Dinge fügten sich nicht zusammen.

Ich hatte gute Freunde und hin und wieder sehr gute Freunde. Aber immer war ich mein eigener Herr. Auf meinem Boot der Kapitän. Daran gab es keinen Zweifel. Welcher wirkliche Mann hätte das wohl mitgemacht! Es musste einfach zum Einhandsegeln führen.

Den Traum von einer Farm hatte ich dann erst mal auf später verschoben. Aber mir wäre wohl nie die Idee gekommen, dass ich als allein segelnde Frau nicht nur ein Kuriosum, sondern auch für viele ein Affront war. Ich dachte, die gleiche anerkennende Seglergemeinschaft erwarten zu können, wie alle um mich herum. Es dauerte lange, bis mir klar wurde, warum ich isoliert war: Der Grund waren die Frauen, die mich nicht akzeptierten. War eine Frau an Bord, wurde ich von den Yachtcrews oft nicht eingeladen. Am ganzen Ankerplatz fuhren die Dingis von einem Boot zum anderen. Hinter meinem Schiff baumelte fast immer nur eins: mein eigenes.

In den Häfen und Buchten litt ich mit all den Yachten um mich herum buchstäblich einsame Höllenqualen. Also, tief Luft holen und die Zeit vertrödeln. Auf dem Atlantik, ob Nord- oder Südüberquerung, empfand ich logischerweise nichts dergleichen.

Frauen segeln allein

Frauen segelten Ende der 60er-Jahre nicht allein. Und hier muss man unweigerlich zum wirklichen Problem der Frauen beim Solosegeln kommen. Ein Mann allein kann sehr glücklich sein, zufrieden auf seinem Schiff herumwursteln, seine Wäsche waschen, sogar auch in der Kajüte alles tipptopp haben. Er kann auch an

Land gehen, in einen Club oder eine Bar, ungehindert seinen Drink nehmen, reden, Kontakt aufnehmen. Er kann einfach tun, wonach ihm der Sinn steht. Er muss nicht daran denken, was geschehen könnte oder ob man ihn akzeptiert oder nicht. Er muss auch nicht einen Knüppel bereitlegen für die Nacht. Bei Alleinseglerinnen ist das anders. Auf See können sie es schaffen, sie werden zwar mehr unter Einsamkeit leiden, und zeitweise nicht den technischen und physischen Problemen gewachsen sein, aber es geht, falls man gut vorbereitet ist.

Wenn ich zum Beispiel etwas Kompliziertes zu reparieren hatte, wie Motor oder Generator, habe ich mir beim schrittweisen Auseinandernehmen ein Bild gemalt, wo die Teile herkamen und wieder hinmussten. Die notwendigen Werkzeuge hatte ich, Geduld sowieso, wohl auch ein wenig technisches Verständnis. Jedenfalls kam letztlich fast alles immer in Ordnung. Und es machte doppelt Spaß, wenn es funktionierte.

Da ist noch etwas. Ich denke, dass eine Frau einen Partner braucht, um die Naur intensiv erleben zu können und das Dasein zu genießen. Ein Mann dagegen kann das allein, meist sogar besser. Er ist der geborene Einsiedler. Jedenfalls die Männer, die ich kennengelernt habe. Mich haben das Einhandsegeln und die Erlebnisse zeitweise überwältigt in ihrer Schönheit, niemals möchte ich diese Erfahrungen und Höhepunkte in meinem Leben missen. Sie sind unbezahlbar.

Mein Leben war so auf das Alleinsein, das Schiff und die See eingestellt, dass ich sicherlich ein bisschen wunderlich geworden bin. Das zeigte sich ganz besonders nach der Ankunft in Gibraltar. Ich wollte immer noch für mich sein. Ging nur alle paar Tage einkaufen. Wollte keine Kontakte und bitte keine Einladungen.

Ich schrieb an meine Familie, an meine Freunde und erlebte alles noch einmal. Täglich stiegen mir dabei die Tränen in die Augen. Verwundert und bestürzt stellte ich fest, dass es immer so weiterging. Tränen stundenlang, tagelang. Wie lange braucht ein Körper mit Kopf um zu vergessen? Ich weiß nicht, was mich so durcheinandergebracht hat. Ich konnte manchmal über Stunden nicht schreiben. Das Adrenalin vieler Seetage rauschte immer noch durch meinen Körper.

Anerkennung

Beim Segeln übers Meer geht es um Hingabe, Leidensfähigkeit, Schmerz. Zähigkeit und Mühe sind auch noch Punkte, die mich betrafen. Ich musste alles ohne Klage hart abarbeiten, unbeeindruckt vom Wetter und anderen Bedingungen. Wenn ich litt, war ich irgendwie zufrieden. Zumindest nicht unglücklich. Vielen wird es genauso gehen.

Es ging mir nicht um Anerkennung, obwohl ich mich später bemühte. Dies vergebens. Die höchste Auszeichnung in Deutschland, der Schlimbach-Preis, ging an eine Männercrew. Sie hatten unterwegs ein Unterwant zu erneuern. Vermutlich war das ihre besondere Leistung für den Preis. Daran kann ich mich noch erinnern. Zur Bewerbung musste der Emmericher Segelclub meine Logbücher einreichen, woraufhin ich nach Kiel eingeladen wurde. Ich fühlte mich dort von oben herab behandelt. Praktisch weggeschoben. Das machte mich wütend. Kiel soll im Meer versinken, dachte ich und richtete mich in meinem Stuhl auf, ging zur Tür, und weg war ich.

Der Kieler Yachtclub versuchte sich an einer Begründung: »Zu der von Schlimbach geforderten sicheren Seemannschaft gehört auch die Wahl des für die jeweilige Unternehmung geeigneten Fahrzeugs. Bezüglich der Ausrüstung war nichts zu beanstanden. Aber das Boot als Trimaran gab zu erheblichen und grundsätzlichen Bedenken Anlass.« Wahrscheinlich hatte kein Mitglied der Jury je einen Trimaran gesehen, geschweige denn gesegelt. Letztlich brachte mir meine Reise in der Öffentlichkeit Anerkennung und Ablehnung zugleich und je zwei Seiten in »Stern«, »Quick« und »Yacht«. Nicht zu vergessen: Ich erhielt als erste den neu gegründeten Trans-Ocean-Preis, einem Verein, der das Hochseesegeln fördern möchte.

Trans-Ocean-Preisverleihung 1970. – Von links: John Adam, Hannes Lindemann, Ingeborg, Karl Senne, Rollo Gebhard, Claus Hehner.

Ich konnte nicht zurückfinden. Diese Wochen der inneren Lähmung werde ich nicht vergessen. Ich wurschelte mich langsam wieder in den Alltag zurück, verbrachte Stunden im Cockpit mit philosophischen Büchern, die mich von jeher gefesselt haben, und versuchte, einen Weg für mich zu finden. Noch immer war um mich herum die Freiheit der Meere, die ich nicht abschütteln konnte und wollte.

Trotzdem musste es weitergehen. Im Yachthafen von Gibraltar konnte ich nicht liegen bleiben. Neue Ideen scheiterten aus finanziellen Gründen. Ich hatte herausgefunden, dass ich sehr verwund-

Nach unserer dreijährigen Weltumseglung feierten wir mit Ingeborg im Sommer 1972 Wiedersehen in Düsseldorf.

bar war und noch zu jung, um mit einem Schulterzucken über Vieles hinwegzugehen. Und eine andere sehr wichtige Sache hatte ich ebenfalls gelernt: Ich würde nicht bis ans Ende meines Lebens allein leben können. Mein bisheriges Leben hatte mich für viele Jahre systematisch zur harten, offensiven Kämpferin gemacht. Aber ich wollte nicht allein weiterkämpfen. Die Zeit, wo ich eine Chance haben würde, einen Lebenskameraden zu finden, würde bald auslaufen. Ich wusste, wie kritisch ich war und wie schwer es sein würde, mich aus meiner Unabhängigkeit zu lösen und mich anzupassen. Niemals kann ich meinen Einhandtörn Atlantik und meine Englandfahrten vergessen: die Einzigartigkeit der Erlebnisse, die überwältigende Schönheit der Natur und den unvergesslichen Rausch des Absoluten. Sie haben einen anderen Menschen aus mir gemacht. Die Sehnsucht ist immer noch vorhanden, die Hoffnung erloschen.

Hier schließt Ingeborgs erweitertes Logtagebuch. Ein Jahr später findet sie an der spanischen Mittelmeerküste das große Glück in der Liebe – in Person eines Engländers mit eigenem Segelboot. Fortan heißt sie Ingeborg Ford. Der Leuchtturm auf den Azoren bleibt infolgedessen ein Luftschloss. So endet für meine Schwiegermutter das grandiose und imponierende Leben als Einhandseglerin.

ANHANG

1. Anmerkungen zu ULTIMA RATIO

ULTIMA RATIO wurde 1966 in Great Yarmouth an Englands Ostküste gebaut und ist auf dem Atlantik unter allen Bedingungen erfolgreich gesegelt worden. Eine Werft hat sie später nicht gesehen.

Der Trimaran von 10,70 m Länge, 6,20 m Breite und einem Tiefgang von 0,70 m trägt 40 m^2 Segelfläche und war als Ketsch getakelt. Konstruiert wurde er als Typ »Lodestar« von dem amerikanischen Flugzeug- und Trimarankonstrukteur Arthur Piver. Gebaut aus Marine-Sperrholz und über alles kunststoffbeschichtet. Ein 18-PS-Außenborder, eingebaut in einem Schacht, gab ohne Wind und Strömung rund drei Knoten Geschwindigkeit her. Er verbrauchte drei Liter Benzin die Stunde, war also nur für Hafenmanöver gedacht.

Für den exakten Abgleich des Zeitzeichens gab es einen Sailor Funkpeiler. Ein Pye-Log versagte seine Dienste schon bei der Überführungsfahrt auf der Biskaya. Es wurde kurz entschlossen ausgebaut. Die Bootsgeschwindigkeit des Tri konnte Ingeborg mit zunehmender Erfahrung immer besser einschätzen.

Die regelmäßigen Sonnenbeobachtungen wurden mit einem Plath-Trommel-Sextant, einer Uhr, einem Zenith-Radio (auch fürs Zeitzeichen), Tafeln von Fulst und einem Jahrbuch zur Berechnung der geschossenen Höhen erledigt.

Das Schiff war mit Reffanlagen an beiden Masten sowie Winschen ausgerüstet. Die Segel wurden in England genäht.

Zum Laden der 84 Amp. 12-Volt-Batterie war ein Honda Generator ED 250 an Bord. Für das Dingi gab es einen 1,5-PS-Seagull-Außenborder.

Ein besonderer Luxus waren ein batteriebetriebener Plattenspieler, ein gasbetriebener Eisschrank mit 45 Liter Inhalt und ein Kleinmotorad aus Aluminium, das nur 25 Kilogramm wog. Luxuriös auch, dass gegen die Sonne die großen Fenster mit dunklen Persenningen geschützt und alle Luken mit Windsäcken versehen waren.

ULTIMA RATIO fasste 240 Liter Trinkwasser im Tank und 20 Liter Benzin in Kanistern.

2. Das war an Bord

- Div. Seekarten und Seehandbücher
- Ein Sextant »Plath«
- Chronometer »Hoyer«
- Kompass »Sestrel Moore«
- Reservekompass
- Handpeilkompass »Sestrel«
- Barograph »Lufft«
- Handanemometer »Deuta Werk«

- Fernglas 8 x 40
- Hygrometer/Thermometer »Lufft«
- Funkpeiler »Sailor« (unbenutzt)
- Radioempfänger »Zenith«
- Zwei Rettungsringe
- Vier Schwimmwesten
- Zwei geprüfte Sicherheitsgurte
- Leuchtpistole mit Munition und mehrere Rauchfackeln
- Großer Handscheinwerfer mit Reservebatterien und -birnen
- Zwei Taschenlampen mit Reservebatterien
- 35 Zentimeter große Ankerlaterne »Ahlemann und Schlatter«, Funktion für den Betrieb mit Petroleum sowie mit 12 Volt-Bordstrom
- Treibanker mit Leine
- Drei Anker (zwei Pflugschar-, ein Stockanker) mit jeweils 15 m und 12 m Kette und 50 Meter Tauwerk (Kette 10 mm, Leine 18 mm)
- Ein Megaphon für Nebelsignale
- Ein Schlauchboot »Pirelli«
- Ein Kleinmotorrad
- Acht Segel. Groß, Fock, Besan, Genua, Sturmfock, Trysegel, Schmetterlingssegel (Twins)
- Sämtliche notwendigen Werkzeuge und Reparaturmaterialien wie Schrauben, Nägel, Sperrholz, Spezialleime, Dacron, Aluminiumbleche, Bolzen und vieles mehr
- Die Apotheke enthielt alle erforderlichen Dinge: elastische Binden, in Vaseline verpackte Schere, Nadeln, Pinzetten und andere Metallinstrumente. Penicillin und Morphium

mit Spritzen. Skalpelle, Schienen, Fingerlinge und Medikamente.
- Ein Buch über Behandlungsanregungen und Verwendung von Medizin.

3. Die Kosten der Ozeanrunde

Die Kosten beliefen sich insgesamt auf zirka 4900 DM. Davon entfielen auf:
- Das Schiff, einschließlich Verbesserungen, wie ein neues Großsegel, mehrfache Reparaturen an Segel und Motor, Slippen, Farbe, Ersatzteile etc. 1800 DM.
- Kosten für Essen und Trinken, einschließlich für Gäste und Nebenausgaben, im Schnitt 200 DM monatlich, in Summe 2400 DM.
- Fotomaterial einschließlich Laborarbeit 300 DM.
- Nebenausgaben für Stoffe und Firlefanz 200 DM.
- Liegegebühren. In einigen Häfen 10 bis 15 DM pro Tag, in Summe 200 DM.

4. Fünf Rezepte

»Ende« ist oft das letzte Wort in meinen Manuskripten. In Ingeborgs Logbuch finden sich am Ende diese fünf Rezepte, die ich gern weitergeben möchte. Sie lassen sich leicht an Bord nachkochen, und sie schmecken köstlich, bis auf den Fish Cake, den ich wegen einer Allergie niemals probieren würde.

My favorite – Fish Cake

So nenne ich es. Es ist einfach nur ein Fischkuchen. Man braucht: Kartoffeln, Zwiebeln, Salz, Pfeffer, Ölsardinen.

Für eine Person rechne ich: 1 Dose Ölsardinen, 3 bis 4 mittlere Kartoffeln, eine Zwiebel.

So wird es gemacht: Kartoffeln schälen, in Stücke schneiden und in leichtem Salzwasser kochen. Zwiebel schälen und fein hacken. Die Sardinen abtropfen lassen, das Öl aus der Dose fürs Braten verwenden. Etwas Knoblauch kann nicht schaden. Die gekochten Kartoffeln stampfen und mit Sardinen, Zwiebeln und Knoblauch vermischen. Mit etwas Salz und Pfeffer abschmecken. Das Öl der Sardinen ist inzwischen in der Pfanne heiß, es kommt die sehr gut gemixte Masse hinzu und wird auf kleiner Flamme so lange gebraten, bis die Unterseite braun ist. Dann mit Hilfe eines Tellers wenden und die andere Seite goldbraun werden lassen. Wer es bevorzugt, kann auch kleine, runde Kartoffelpuffer daraus formen und einzeln braten. Dazu Salat oder aufgeschnittene Tomaten. Es ist ein gutes Essen.

Corned Beef Hash

Wenn man gar nicht mehr weiß, was mit dem Corned Beef machen soll:

Für zwei hungrige Menschen: 1 Dose Corned Beef 340 g, 6 bis 8 mittelgroße Kartoffeln, eine große Zwiebel, wenn eine Möhre da ist, prima. Nun verfahren wie mit dem Fish Cake.

Sehr gut dazu sind Erbsen als Gemüse. Für ganz »schnelle Segler« ergibt es auch ein gutes Essen, indem man ein paar Scheiben Corned Beef anbrät und Eier darüber schlägt. Nicht salzen.

Pfannkuchen

Die kann man praktisch mit allem machen.

Aber erst mal braucht man Mehl, Eier und Milch. Für eine Person reichen ein bis zwei Eier, 4 bis 5 große Suppenlöffel Mehl, Salz und Pfeffer, wenn sie salzig schmecken sollen, Zucker, wenn süß. Das Ganze gut mischen und möglichst den angerührten Teig zirka eine Stunde ruhen lassen. Etwas Öl in die Pfanne, heiß werden lassen und den Teig hineingeben. Der Teig darf nicht zu flüssig sein. Dann die bereits vorbereitete Auflage drüber verteilen: Zwiebelscheiben, Tomatenscheiben, Speck oder Hartwurst. Zu empfehlen ist in englischsprachigen Ländern das »self raising flour« zu verwenden. In Französisch nennt man es »farine avec levure«. Das heißt, das Backpulver ist bereits enthalten.

Den Variationen sind keine Grenzen gesetzt. Bananen zum Beispiel. Oder einfach Zucker, Marmelade und dergleichen.

Spanische Tortilla

Nun kommt etwas ganz Feines. Was man dazu braucht, ist neben einer guten »non sticking pan« ein Deckel oder Teller, der die Pfanne abdeckt. Der Deckel muss flach sein, damit er für die Tortilla als Wender fungieren kann. Kartoffeln, Eier, Salz, Pfeffer und Olivenöl, beste Qualität. Das zahlt sich ohnehin immer aus – auch bei Salaten. Es ist ein bisschen tricky, und man kann es nicht einfach brutzeln lassen.

Also: Kartoffeln schälen und in kleine Stücke schneiden. In die Pfanne mit heißem Öl tun und auf kleiner Flamme, mit Salz, Pfeffer und Deckel zirka 45 Minuten gar werden lassen. Inzwischen habe ich 6 bis 8 Eier mit Salz geschlagen, wobei das Weiße und Gelbe gut verbunden sein müssen. Nun, die Flamme ist niedrig, schüttet man die Masse gleichmäßig über die Kartoffeln und lässt sie erst mal ein paar Minuten stocken. Dann nach 5 Minuten die Hitze hochdrehen. In der Pfanne ist nun alles dick und aufgeblasen. Die Pfanne hin und wieder leicht schütteln. Die Idee ist, dass es unten goldbraun ist und oben nicht zu nass bleibt, damit dann die ganze Chose auf einem Teller oder dem Deckel gewendet werden kann. Hab wohl vergessen, dass mindestens 6 große Löffel Öl verwendet werden sollten.

Das alles hört sich schauerlich an, gelingt auch nicht beim ersten Mal, aber dann schmeckt es himmlisch. I love it!

Indisch Curry

Mein nächster Vorschlag ist ein richtiges indisches Curry. Es ist ein prima Party-Essen. Man kann es Stunden vorher zubereiten und später nur aufwärmen und den Reis kochen. Ich habe nie einen Menschen getroffen, der es nicht liebte, gleich, wo sie geboren und mit welcher Küche sie aufgewachsen sind. Sogar Italienern sagte es zu.

Was man benötigt: ein Brathuhn, eine Dose geschälte Tomaten, 2 bis 3 große Zwiebeln. Etwas Fett, die Flüssigkeit des gekochten Huhns, einen großen Apfel oder zwei. Maggi-Würze, Chutney, Curry, Salz. Wenn man hat, eine oder zwei Paprikaschoten.

Und so wird es gemacht: Das Huhn wird gesäubert und in wenig Wasser gar gesimmert. Abtropfen lassen und das Fleisch von den Knochen nehmen. In einer Pfanne mit ein wenig Fett die Zwiebeln, klein geschnitten, hineingeben, dann kommt das Currypulver hinzu. 3 bis 5 gehäufte Teelöffel sollten für ein mittleres Curry genug sein. Wichtig ist, dass das Curry lange kocht, denn dann entwickelt es intensives Aroma. Man mixt alles und füllt mit Tomaten auf, nicht zu viel Flüssigkeit. Den Apfel und die Paprikaschoten klein schneiden und hinzugeben. Mit Maggi würzen. Alles muss ca. 40 Minuten leicht kochen. Abschmecken. Die Hühnerstücke hinzugeben, nachdem man vorher während des Kochens mit der Brühe nach und nach aufgefüllt hat. Und ganz zum Schluss Chutney. Ein ganzes Glas ist schon notwendig. Zum Chutney ist nur zu sagen, man kann es auch selber machen.

Reis gut kochen und auf den Teller mit dem Currygericht ergänzen. Dazu ein Bier.

SEEMÄNNISCHE AUSDRÜCKE

Original Ingeborg

achtern	der hintere Teil eines Schiffes
Achterstag	der Draht, der den Mast nach hinten sichert
Affenfaust	ein dicker geflochtener Knoten am Ende einer Wurfleine
am Wind	so hoch am Wind segeln, wie es machbar ist. ULTIMA tut sich damit schwer
Anemometer	Gerät zur Messung der Windgeschwindigkeit
Backbord	die linke Seite eines Schiffes
Baggywrinkle	eine Art kreisrunde Bürste aus Tauwerk, die die Segel vor Schamfilen schützt
Barograph	ein Instrument, das den Luftdruck misst und auf Papier aufzeichnet
Baum	Teil der Takelage
Beaufort	eine Windskala der Windstärken
Besan	das Segel am zweiten, dem kleineren Mast
Bug	der vordere Teil eines Schiffes. Das ist mein Lieblingsplatz, um Delfine zu beobachten.
Dingi	kleines Beiboot, das dazu dient, an Land zu kommen, wenn man vor Anker liegt

Etmal	die von Mittag zu Mittag zurückgelegte Distanz in Seemeilen. Mein bestes betrug 270 Seemeilen.
Fallen	Taue, die zum Setzen der Segel dienen
Fender	dienen dem Schutz das Rumpfes beim Anlegen
Flagge »Q«	die gelbe Flagge aus dem Flaggenalphabet, die auch als Quarantäneflagge gilt. Man setzt sie, wenn man in ein fremdes Land einläuft.
Fock	kleines Segel vor dem Mast
Genua	großes Vorsegel, das bis zur Mastspitze geht
Großschot	Tau oder Talje dienen der Kontrolle des Großsegels
Großsegel	das Hauptsegel am Mast
Ketsch	Zweimaster. Der Großmast sitzt vor dem Besan, das Ruderrad ebenfalls.
Kulmination	Durchgang eines Gestirns durch den Meridian. Die Schnittpunkte des Tageskreises eines Gestirns (z. B. der Sonne) heißen oberer oder unterer Kulminationspunkt. Die obere Kulmination der Sonne findet um 12 Uhr mittags (wahrer Sonnenzeit) statt.
Lee	dem Wind abgewandte Seite
Log	ein Gerät zum Messen der Fahrtgeschwindigkeit
Luv	dem Wind zugewandte Seite

Mittagsbreite	die geografische Breite des Beobachtungsortes, bestimmt durch das Messen mit einem Sextanten der größten Höhe, der Kulmination eines Gestirns
Missweisung	Die durch das Erdmagnetfeld bewirkte Ablenkung der Kompassnadel von der rechtweisenden Nordrichtung. Oder der Winkel am Magnetkompass zwischen dem geografischen und magnetischen Meridian.
Ölbeutel	ein mit Öl und Hanffasern gefüllter Beutel, den man bei Sturm über Bord gehen lässt, um den Seegang zu reduzieren
Passat	eine überwiegend in den Tropen herrschende östliche Windrichtung
Rollreff	eine Anlage am Großbaum, um bei starkem Wind das Großsegel zu verkleinern
schamfilen	wenn Segel oder Tauwerk aneinander reiben und dadurch beschädigt werden
Schmetterlingssegel	Zwei gleichgroße Segel, die am Bug gefahren werden und über Schoten das Schiff selbststeuern. Sie sind nur bei achterlichen Winden zu benutzen. Ich habe sie Twins genannt.
Schoten	Leinen, mit denen man die Segel über eine Winsch führt
schralen	der Wind steht nicht fest, Windrichtung ändert sich

Seemeile	1852 Meter
Sextant	ein Instrument zum Messen des Sonnenwinkels oder eines anderen Gestirns zum Berechnen der Position
Steuerbord	die rechte Seite eines Schiffes
Topp und Takel	nennt man die Situation, wenn das Schiff ohne Segel treibt. Zum Beispiel während eines Sturms. Kann ich gern drauf verzichten.
Treibanker	ein aus schwerem Segeltuch gefertigter Sack in Form eines Kegels. Oben eine mannsgroße Öffnung, unten ein Loch von rund zehn Zentimetern. Gefahren wird er übers Heck.
Wanten	Drahttauwerk zur seitlichen Verspannung des Mastes

ERDMANN UNTERWEGS

Erhältlich im Buch- und Fachhandel. Weitere Informationen oder direkt bestellen im Internet unter: www.delius-klasing.de

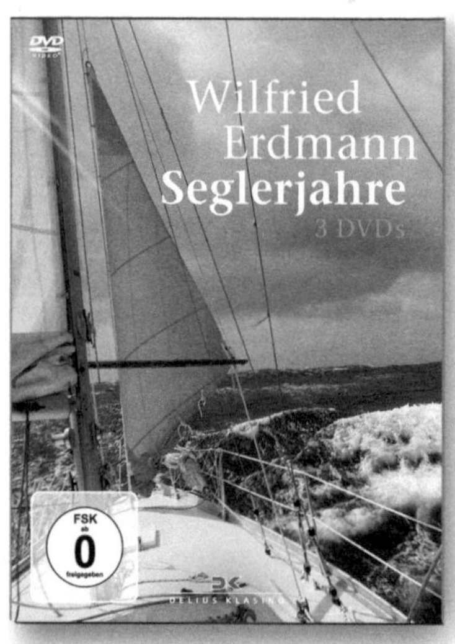

Beeindruckende Dokumente eines Lebens unter Segeln. Persönlich, packend, authentisch. Die drei DVDs dieser Box dokumentieren das seglerische Leben von Wilfried Erdmann. Neben den Filmen über seine Nonstopweltumseglung »Die magische Route« und die Südseereise mit Familie »Gegenwind im Paradies« zeigt die dritte DVD ein ausführliches Porträt. Der Film beinhaltet Hochseetörns mit Sturm, Flaute und Passatsegeln sowie viele Interviews mit Wilfried Erdmann auf seinen Heimatrevieren. Dazu Filmmaterial der 1000-tägigen Hochzeitsreise mit seiner Frau Astrid.

Seglerjahre, 3 DVDs
ISBN 978-3-7688-9809-6

Als erster Deutscher bestand Wilfried Erdmann die größte Herausforderung der Meere: In 343 Tagen segelte er 32 000 Seemeilen um die Erde – allein, nonstop und gegen die vorherrschende Windrichtung. In diesem Film hält der einsame Segler den Bordalltag, die lange Zeit, die harten Polarstürme, aber auch Angst und Hochgefühle fest. Unmittelbar lässt der Extremsegler an seinem inneren und äußeren Erleben teilhaben. Wirkungsvoll dokumentiert er seine Liebe zu seinem Boot, zur Weite und Freiheit. Viel Überwindung ist nötig, um einen vernichtenden Sturm im Bild festzuhalten.

Allein gegen den Wind, DVD
ISBN 978-3-7688-7142-6

Allein gegen den Wind
ISBN 978-3-667-11022-0

Ich greife den Wind
ISBN 978-3-667-11218-7

Ich bin auf See
ISBN 978-3-667-11853-0

Die Magische Route
ISBN 978-3-667-10268-3

Warum wir immer weitersegeln
ISBN 978-3-667-11703-8

Das Logbuch
ISBN 978-3-89225-386-0

Ein deutscher Segelsommer
ISBN 978-3-667-11803-5

Mein Schicksal heißt Kathena
ISBN 978-3-667-11805-9

Segeln mit Wilfried Erdmann
ISBN 978-3-667-10176-1

Bibliografische Information der Deutschen Nationalbibliothek
Die Deutsche Nationalbibliothek verzeichnet diese Publikation in der Deutschen Nationalbibliografie; detaillierte bibliografische Daten sind im Internet über http://dnb.dnb.de abrufbar.

1. Auflage
ISBN 978-3-667-12698-6

Konzeption, Gestaltung, Satz, Karten: Erdmann Design, Kiel
Fotos: Ingeborg von Heister und Wilfried Erdmann; außer Seite 50 Verlag Photo-Platow; Seite 168 Uwe Janßen/Yacht; Seite 191 Martin Jank
Lektorat: Birgit Radebold
Druck und Bucheinband: Friedrich Pustet, Regensburg
Printed in Germany 2023

Delius Klasing Verlag, Siekerwall 21, 33602 Bielefeld
Telefon: 0521/559-0, Fax: 0521/559-115, E-Mail: info@delius-klasing.de
www.delius-klasing.de

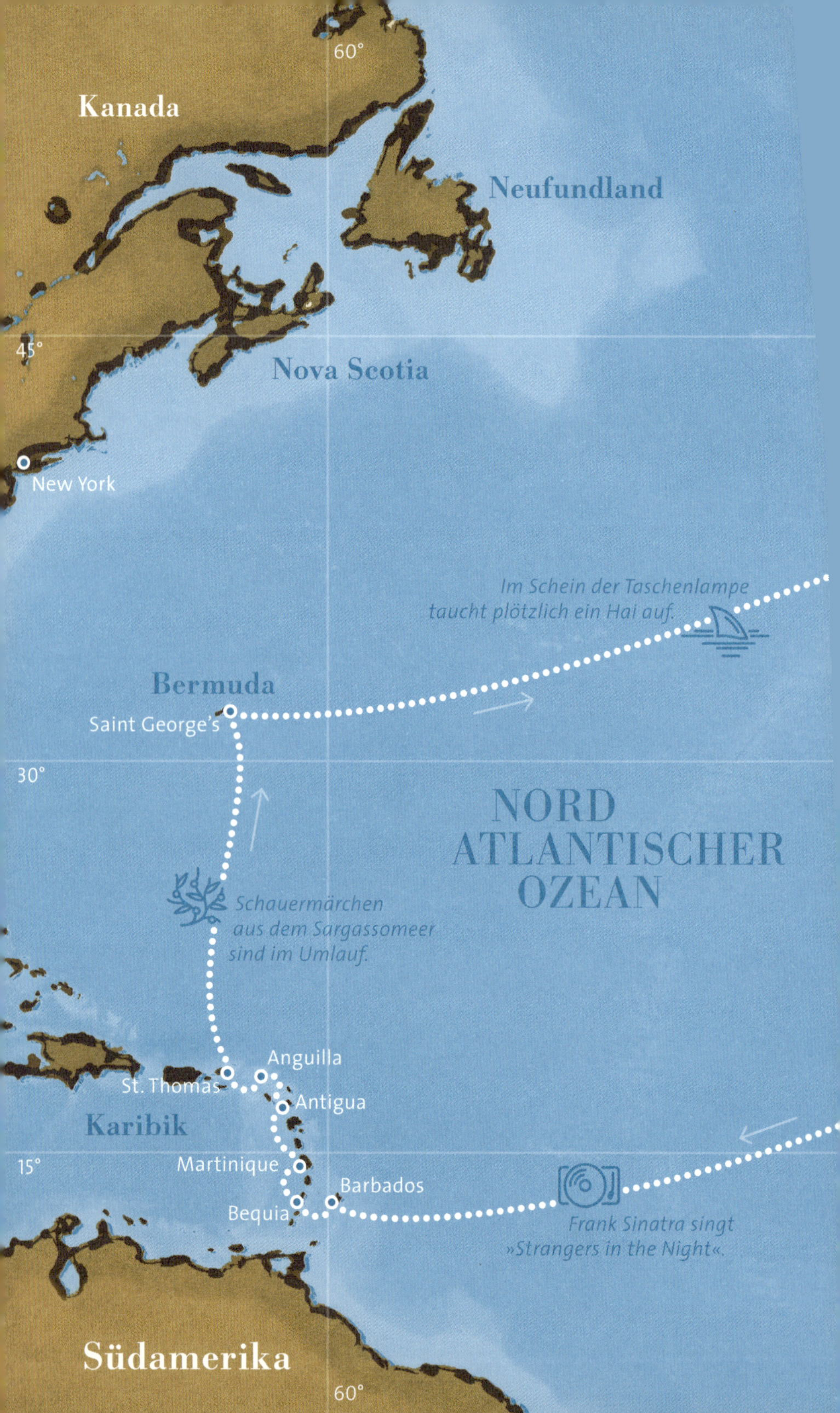

60°
Kanada
Neufundland
45°
Nova Scotia
New York
Im Schein der Taschenlampe
taucht plötzlich ein Hai auf.
Bermuda
Saint George's
30°
NORD
ATLANTISCHER
OZEAN
Schauermärchen
aus dem Sargassomeer
sind im Umlauf.
Anguilla
St. Thomas
Antigua
Karibik
15°
Martinique
Barbados
Bequia
Frank Sinatra singt
»Strangers in the Night«.
Südamerika
60°